기본 연산
Check-Book

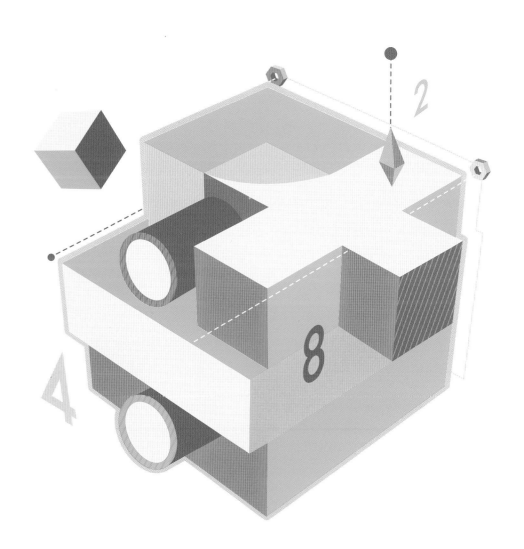

초등3 2호

분수와 소수의 기초

NE능률

①

(◯) (　　)

②

(　　) (　　)

③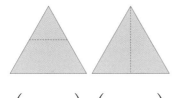

(　　) (　　)

④

(　　) (　　)

⑤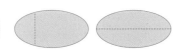

(　　) (　　)

⑥

(　　) (　　)

⑦

(　　) (　　)

⑧

(　　) (　　)

⑨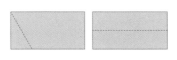

(　　) (　　)

⑩

(　　) (　　)

⑪ 3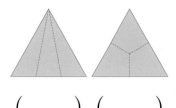

(   ) (   )

⑫ 3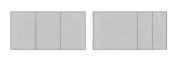

(   ) (   )

⑬ 3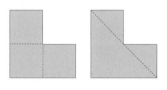

(   ) (   )

⑭ 3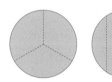

(   ) (   )

⑮ 4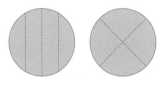

(   ) (   )

⑯ 4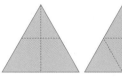

(   ) (   )

⑰ 4

(   ) (   )

⑱ 4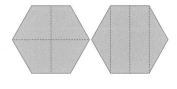

(   ) (   )

⑲ 5

(   ) (   )

⑳ 6

(   ) (   )

❶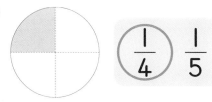

$\dfrac{1}{4}$ 　 $\dfrac{1}{5}$

❷

$\dfrac{1}{4}$ 　 $\dfrac{1}{3}$

❸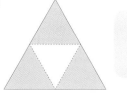

$\dfrac{2}{5}$ 　 $\dfrac{3}{4}$

❹

$\dfrac{1}{2}$ 　 $\dfrac{1}{3}$

❺

$\dfrac{4}{5}$ 　 $\dfrac{2}{7}$

❻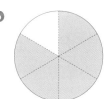

$\dfrac{5}{6}$ 　 $\dfrac{4}{6}$

❼

$\dfrac{2}{3}$ 　 $\dfrac{1}{2}$

❽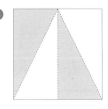

$\dfrac{3}{4}$ 　 $\dfrac{2}{4}$

❾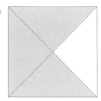

$\dfrac{3}{4}$ 　 $\dfrac{1}{5}$

❿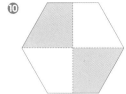

$\dfrac{2}{4}$ 　 $\dfrac{2}{3}$

⑪ 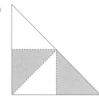 $\dfrac{2}{4}$ $\dfrac{3}{4}$

⑫  $\dfrac{2}{3}$ $\dfrac{2}{4}$

⑬  $\dfrac{1}{3}$ $\dfrac{1}{2}$

⑭  $\dfrac{1}{2}$ $\dfrac{1}{3}$

⑮  $\dfrac{2}{4}$ $\dfrac{2}{3}$

⑯ 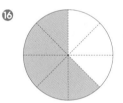 $\dfrac{5}{8}$ $\dfrac{5}{9}$

⑰  $\dfrac{1}{4}$ $\dfrac{1}{6}$

⑱  $\dfrac{3}{6}$ $\dfrac{3}{5}$

⑲ 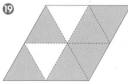 $\dfrac{6}{8}$ $\dfrac{6}{7}$

⑳ 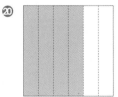 $\dfrac{4}{6}$ $\dfrac{4}{5}$

자르는 선

분수의 크기 비교 (1)

❶
$\dfrac{3}{8}$
큰 수
$\dfrac{1}{8}$ $\dfrac{3}{8}$

❷
큰 수
$\dfrac{5}{7}$ $\dfrac{2}{7}$

❸
큰 수
$\dfrac{6}{9}$ $\dfrac{8}{9}$

❹
큰 수
$\dfrac{4}{5}$ $\dfrac{3}{5}$

❺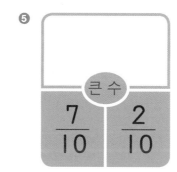
큰 수
$\dfrac{7}{10}$ $\dfrac{2}{10}$

❻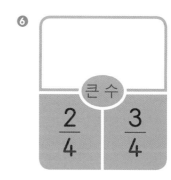
큰 수
$\dfrac{2}{4}$ $\dfrac{3}{4}$

❼
큰 수
$\dfrac{5}{6}$ $\dfrac{4}{6}$

❽
큰 수
$\dfrac{6}{8}$ $\dfrac{7}{8}$

❾
큰 수
$\dfrac{1}{2}$ $\dfrac{1}{3}$

❿
큰 수
$\dfrac{1}{5}$ $\dfrac{1}{8}$

⓫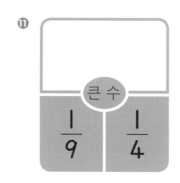
큰 수
$\dfrac{1}{9}$ $\dfrac{1}{4}$

⓬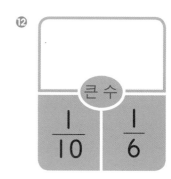
큰 수
$\dfrac{1}{10}$ $\dfrac{1}{6}$

⑬
$\dfrac{1}{3}$ $\dfrac{2}{3}$
작은 수

⑭
$\dfrac{3}{7}$ $\dfrac{5}{7}$
작은 수

⑮
$\dfrac{9}{11}$ $\dfrac{6}{11}$
작은 수

⑯
$\dfrac{3}{8}$ $\dfrac{4}{8}$
작은 수

⑰
$\dfrac{2}{9}$ $\dfrac{3}{9}$
작은 수

⑱
$\dfrac{3}{4}$ $\dfrac{2}{4}$
작은 수

⑲
$\dfrac{4}{6}$ $\dfrac{5}{6}$
작은 수

⑳
$\dfrac{2}{5}$ $\dfrac{3}{5}$
작은 수

㉑
$\dfrac{1}{8}$ $\dfrac{1}{3}$
작은 수

㉒
$\dfrac{1}{5}$ $\dfrac{1}{12}$
작은 수

㉓
$\dfrac{1}{2}$ $\dfrac{1}{7}$
작은 수

㉔
$\dfrac{1}{9}$ $\dfrac{1}{6}$
작은 수

① $\dfrac{1}{2}$ ◯ $\dfrac{5}{8}$ ② $\dfrac{1}{2}$ ◯ $\dfrac{1}{7}$ ③ $\dfrac{1}{2}$ ◯ $\dfrac{3}{5}$

④ $\dfrac{1}{2}$ ◯ $\dfrac{2}{5}$ ⑤ $\dfrac{1}{2}$ ◯ $\dfrac{3}{4}$ ⑥ $\dfrac{1}{2}$ ◯ $\dfrac{3}{8}$

⑦ $\dfrac{1}{2}$ ◯ $\dfrac{1}{9}$ ⑧ $\dfrac{1}{2}$ ◯ $\dfrac{1}{6}$ ⑨ $\dfrac{1}{2}$ ◯ $\dfrac{6}{7}$

⑩ $\dfrac{1}{2}$ ◯ $\dfrac{4}{6}$ ⑪ $\dfrac{1}{2}$ ◯ $\dfrac{2}{4}$ ⑫ $\dfrac{1}{2}$ ◯ $\dfrac{2}{3}$

⑬ $\dfrac{1}{2}$ ◯ $\dfrac{5}{9}$ ⑭ $\dfrac{1}{2}$ ◯ $\dfrac{2}{6}$ ⑮ $\dfrac{1}{2}$ ◯ $\dfrac{2}{8}$

⑯ $\dfrac{1}{2}$ ◯ $\dfrac{3}{10}$ ⑰ $\dfrac{1}{2}$ ◯ $\dfrac{5}{6}$ ⑱ $\dfrac{1}{2}$ ◯ $\dfrac{4}{7}$

⑲ $\dfrac{1}{2}$ ◯ $\dfrac{3}{6}$ ⑳ $\dfrac{1}{2}$ ◯ $\dfrac{1}{4}$ ㉑ $\dfrac{1}{2}$ ◯ $\dfrac{4}{5}$

㉒ $\dfrac{1}{2}$ ◯ $\dfrac{3}{4}$　　㉓ $\dfrac{1}{8}$ ◯ $\dfrac{1}{2}$　　㉔ $\dfrac{1}{2}$ ◯ $\dfrac{6}{9}$

㉕ $\dfrac{2}{3}$ ◯ $\dfrac{1}{2}$　　㉖ $\dfrac{1}{2}$ ◯ $\dfrac{4}{10}$　　㉗ $\dfrac{1}{2}$ ◯ $\dfrac{5}{7}$

㉘ $\dfrac{5}{6}$ ◯ $\dfrac{1}{2}$　　㉙ $\dfrac{1}{2}$ ◯ $\dfrac{3}{4}$　　㉚ $\dfrac{3}{9}$ ◯ $\dfrac{1}{2}$

㉛ $\dfrac{1}{2}$ ◯ $\dfrac{8}{11}$　　㉜ $\dfrac{7}{9}$ ◯ $\dfrac{1}{2}$　　㉝ $\dfrac{1}{2}$ ◯ $\dfrac{1}{5}$

㉞ $\dfrac{4}{8}$ ◯ $\dfrac{1}{2}$　　㉟ $\dfrac{1}{2}$ ◯ $\dfrac{2}{5}$　　㊱ $\dfrac{6}{8}$ ◯ $\dfrac{1}{2}$

㊲ $\dfrac{1}{2}$ ◯ $\dfrac{9}{12}$　　㊳ $\dfrac{1}{3}$ ◯ $\dfrac{1}{2}$　　㊴ $\dfrac{1}{2}$ ◯ $\dfrac{8}{9}$

㊵ $\dfrac{1}{2}$ ◯ $\dfrac{2}{7}$　　㊶ $\dfrac{7}{8}$ ◯ $\dfrac{1}{2}$　　㊷ $\dfrac{2}{6}$ ◯ $\dfrac{1}{2}$

자르는 선

조건과 분수

5주

❶ 분자가 3인 수

$$\frac{3}{8} \quad \frac{5}{7} \quad \frac{1}{3} \quad \frac{3}{6} \quad \frac{2}{7}$$

❷ 분모가 5인 수

$$\frac{2}{4} \quad \frac{1}{5} \quad \frac{2}{5} \quad \frac{3}{4} \quad \frac{4}{6}$$

❸ 분자가 2인 수

$$\frac{1}{6} \quad \frac{2}{9} \quad \frac{3}{9} \quad \frac{1}{2} \quad \frac{2}{4}$$

❹ 분모가 8인 수

$$\frac{3}{8} \quad \frac{4}{5} \quad \frac{8}{9} \quad \frac{6}{8} \quad \frac{1}{5}$$

❺ 분자와 분모의 합이 7

$$\frac{7}{8} \quad \frac{3}{6} \quad \frac{2}{5} \quad \frac{1}{6} \quad \frac{4}{7}$$

❻ 분자와 분모의 합이 8

$$\frac{8}{9} \quad \frac{1}{5} \quad \frac{3}{5} \quad \frac{1}{8} \quad \frac{2}{6}$$

❼ 분자와 분모의 합이 10

$$\frac{2}{8} \quad \frac{1}{9} \quad \frac{3}{6} \quad \frac{3}{10} \quad \frac{4}{7}$$

❽ 분자와 분모의 합이 12

$$\frac{5}{9} \quad \frac{5}{7} \quad \frac{1}{12} \quad \frac{4}{8} \quad \frac{13}{10}$$

⑨
분모에서 분자를 빼면 2

$$\frac{3}{6} \quad \frac{1}{4} \quad \frac{2}{5} \quad \frac{3}{5} \quad \frac{6}{8}$$

⑩
분모에서 분자를 빼면 4

$$\frac{3}{7} \quad \frac{5}{8} \quad \frac{5}{9} \quad \frac{1}{4} \quad \frac{4}{5}$$

⑪
분모에서 분자를 빼면 1

$$\frac{1}{2} \quad \frac{1}{3} \quad \frac{5}{7} \quad \frac{2}{3} \quad \frac{1}{4}$$

⑫
분모에서 분자를 빼면 5

$$\frac{4}{8} \quad \frac{2}{7} \quad \frac{5}{6} \quad \frac{5}{8} \quad \frac{1}{6}$$

⑬
$\frac{3}{8}$보다 큰 수

$$\frac{1}{8} \quad \frac{4}{8} \quad \frac{3}{9} \quad \frac{2}{8} \quad \frac{3}{4}$$

⑭
$\frac{4}{7}$보다 큰 수

$$\frac{2}{7} \quad \frac{4}{9} \quad \frac{5}{7} \quad \frac{4}{5} \quad \frac{4}{8}$$

⑮
$\frac{3}{7}$보다 작은 수

$$\frac{3}{4} \quad \frac{6}{7} \quad \frac{3}{8} \quad \frac{1}{7} \quad \frac{5}{7}$$

⑯
$\frac{5}{9}$보다 작은 수

$$\frac{2}{9} \quad \frac{5}{10} \quad \frac{5}{8} \quad \frac{8}{9} \quad \frac{5}{6}$$

자르는 선

❶
분수	소수
$\dfrac{1}{10}$	0.1

❷
분수	소수
$\dfrac{3}{10}$	

❸
분수	소수
$\dfrac{6}{10}$	

❹
분수	소수
$\dfrac{5}{10}$	

❺
분수	소수
$\dfrac{2}{10}$	

❻
분수	소수
$\dfrac{4}{10}$	

❼
분수	소수
$\dfrac{9}{10}$	

❽
분수	소수
$\dfrac{7}{10}$	

❾
분수	소수
$\dfrac{5}{10}$	

❿
분수	소수
$\dfrac{8}{10}$	

⓫
분수	소수
$\dfrac{4}{10}$	

⓬
분수	소수
$\dfrac{1}{10}$	

⓭
분수	소수
$\dfrac{2}{10}$	

⓮
분수	소수
$\dfrac{3}{10}$	

⓯
분수	소수
$\dfrac{7}{10}$	

월   일

⑯

소수	분수
0.7	$\frac{7}{10}$

⑰

소수	분수
0.6	

⑱

소수	분수
0.1	

⑲

소수	분수
0.4	

⑳

소수	분수
0.2	

㉑

소수	분수
0.7	

㉒

소수	분수
0.6	

㉓

소수	분수
0.4	

㉔

소수	분수
0.8	

㉕

소수	분수
0.7	

㉖

소수	분수
0.5	

㉗

소수	분수
0.3	

㉘

소수	분수
0.2	

㉙

소수	분수
0.1	

㉚

소수	분수
0.9	

자르는 선

① 0.7 ⬤< 0.8　② 0.9 ◯ 0.1　③ 0.9 ◯ 0.2

④ 0.3 ◯ 0.2　⑤ 0.4 ◯ 0.7　⑥ 0.6 ◯ 0.3

⑦ 0.4 ◯ 0.5　⑧ 0.2 ◯ 0.2　⑨ 0.7 ◯ 0.8

⑩ 0.9 ◯ 0.6　⑪ 0.4 ◯ 0.3　⑫ 0.1 ◯ 0.5

⑬ 0.2 ◯ 3.2　⑭ 0.6 ◯ 1.6　⑮ 4.8 ◯ 0.9

⑯ 3.1 ◯ 0.5　⑰ 0.7 ◯ 2.1　⑱ 1.4 ◯ 1.4

⑲ 0.3 ◯ 5.8　⑳ 1.9 ◯ 0.5　㉑ 0.6 ◯ 8.2

㉒ 2.4 ◯ 2.4　㉓ 3.6 ◯ 0.8　㉔ 4.2 ◯ 0.2

㉕ 6.1 ◯ 6.1   ㉖ 8.4 ◯ 8.8   ㉗ 7.2 ◯ 6.5

㉘ 5.2 ◯ 4.6   ㉙ 3.8 ◯ 3.9   ㉚ 2.6 ◯ 2.2

㉛ 6.5 ◯ 8.4   ㉜ 7.5 ◯ 5.4   ㉝ 1.1 ◯ 1.9

㉞ 4.9 ◯ 4.3   ㉟ 9.1 ◯ 9.7   ㊱ 8.2 ◯ 7.4

㊲ 8.7 ◯ 7.5   ㊳ 3.2 ◯ 1.8   ㊴ 9.2 ◯ 9.2

㊵ 5.3 ◯ 5.7   ㊶ 0.8 ◯ 4.1   ㊷ 0.6 ◯ 7.2

㊸ 2.8 ◯ 2.1   ㊹ 6.5 ◯ 3.4   ㊺ 4.8 ◯ 4.8

㊻ 9.3 ◯ 9.9   ㊼ 1.4 ◯ 1.3   ㊽ 2.6 ◯ 5.6

자르는 선

문해결 소수

❶ 민서의 50m 달리기 기록은 8.9초이고, 현아의 기록은 9.5초입니다. 더 빨리 달린 사람은 누구입니까?

❷ 승민이네 반 친구들은 미술 시간에 철사를 사용하였습니다. 승민이는 1.8cm, 지연이는 16mm, 태돌이는 2.9cm를 사용하였다면 철사를 가장 적게 사용한 사람은 누구입니까?

❸ 가연이네 강아지 몸무게는 5.2kg이고, 고양이의 몸무게는 3.8kg입니다. 강아지와 고양이 중 더 무거운 동물은 무엇입니까?

❹ 우유 0.8L와 주스 1.2L 중 양이 더 많은 것은 어느 것입니까?

❺ 어머니는 마트에서 돼지고기 0.6kg과 소고기 0.8kg을 사오셨습니다. 어머니가 더 적게 산 것은 어느 것입니까?

❻ 하제와 다예가 철봉에 오래 매달리기를 하고 있습니다. 하제는 9.2초, 다예는 8.8초 동안 매달렸다면 누가 더 오래 매달린 것입니까?

❼ 같은 날 서울에 내린 비의 양은 **21**mm, 제주에 내린 비의 양은 **1.5**cm, 춘천에 내린 비의 양은 **38**mm라고 합니다. 비가 가장 적게 온 지역은 어디입니까?

❽ 찬규는 석달 동안 몸무게가 **1**kg 늘었고, 하랑이는 **0.8**kg, 지오는 **1.2**kg이 늘었습니다. 몸무게가 가장 적게 늘어난 사람은 누구입니까?

❾ 호림이가 가지고 있는 크레파스의 길이를 재어 보았습니다. 빨간색 크레파스는 **8.7**cm, 노란색 크레파스는 **6.1**cm, 파란색 크레파스는 **5.5**cm 였습니다. 길이가 가장 짧은 크레파스는 무슨 색입니까?

❿ 지오의 키는 **1.4**m이고, 태경이의 키는 **1.5**m입니다. 키가 더 큰 사람은 누구입니까?

⓫ 우용이와 범상이는 도서관에서 책을 읽었습니다. 우용이는 **2.3**시간 동안 읽었고, 범상이는 **3.1**시간 동안 읽었다고 할 때, 책을 더 오래 읽은 사람은 누구입니까?

⓬ 정환이의 책가방 무게는 **2.1**kg이고, 선화의 책가방 무게는 **1.1**kg입니다. 누구의 책가방이 더 가볍습니까?

자르는 선

정 답

1주 분수의 기초 1~2쪽

① (정사각형 세로 2등분)　② (원 세로 2등분)　③ (삼각형)　④ (사다리꼴)　⑤ (타원 가로)　⑥ (정사각형 대각선)　⑦ (ㄴ모양)　⑧ (직각삼각형)　⑨ (직사각형 가로)
⑩ (오각형)　⑪ (삼각형)　⑫ (직사각형 3등분)　⑬ (ㄴ모양)　⑭ (원 4등분)　⑮ (원 대각선 4등분)　⑯ (삼각형)　⑰ (직각삼각형)　⑱ (육각형)
⑲ (오각형)　⑳ (원 6등분)

2주 분수 3~4쪽

① $\dfrac{1}{4}$　② $\dfrac{1}{3}$　③ $\dfrac{3}{4}$　④ $\dfrac{1}{2}$　⑤ $\dfrac{4}{5}$　⑥ $\dfrac{5}{6}$　⑦ $\dfrac{1}{2}$　⑧ $\dfrac{2}{4}$　⑨ $\dfrac{3}{4}$　⑩ $\dfrac{2}{4}$　⑪ $\dfrac{2}{4}$　⑫ $\dfrac{2}{3}$

⑬ $\dfrac{1}{2}$　⑭ $\dfrac{1}{3}$　⑮ $\dfrac{2}{4}$　⑯ $\dfrac{5}{8}$　⑰ $\dfrac{1}{4}$　⑱ $\dfrac{3}{5}$　⑲ $\dfrac{6}{8}$　⑳ $\dfrac{4}{6}$

3주 분수의 크기 비교 (1) 5~6쪽

① $\dfrac{3}{8}$　② $\dfrac{5}{7}$　③ $\dfrac{8}{9}$　④ $\dfrac{4}{5}$　⑤ $\dfrac{7}{10}$　⑥ $\dfrac{3}{4}$　⑦ $\dfrac{5}{6}$　⑧ $\dfrac{7}{8}$　⑨ $\dfrac{1}{2}$　⑩ $\dfrac{1}{5}$　⑪ $\dfrac{1}{4}$　⑫ $\dfrac{1}{6}$

⑬ $\dfrac{1}{3}$　⑭ $\dfrac{3}{7}$　⑮ $\dfrac{6}{11}$　⑯ $\dfrac{3}{8}$　⑰ $\dfrac{2}{9}$　⑱ $\dfrac{2}{4}$　⑲ $\dfrac{4}{6}$　⑳ $\dfrac{2}{5}$　㉑ $\dfrac{1}{8}$　㉒ $\dfrac{1}{12}$　㉓ $\dfrac{1}{7}$　㉔ $\dfrac{1}{9}$

4주 분수의 크기 비교 (2) 7~8쪽

① <　② >　③ <　④ >　⑤ <　⑥ >　⑦ >　⑧ >　⑨ <　⑩ <　⑪ =　⑫ <
⑬ <　⑭ >　⑮ >　⑯ >　⑰ <　⑱ >　⑲ =　⑳ >　㉑ >　㉒ <　㉓ <　㉔ <
㉕ >　㉖ >　㉗ <　㉘ >　㉙ >　㉚ >　㉛ <　㉜ >　㉝ >　㉞ =　㉟ >　㊱ >
㊲ <　㊳ <　㊴ <　㊵ <　㊶ >　㊷ <

5주 조건과 분수 9~10쪽

① $\dfrac{3}{8}$, $\dfrac{3}{6}$　② $\dfrac{1}{5}$, $\dfrac{2}{5}$　③ $\dfrac{2}{9}$, $\dfrac{2}{4}$　④ $\dfrac{3}{8}$, $\dfrac{6}{8}$　⑤ $\dfrac{2}{5}$, $\dfrac{1}{6}$　⑥ $\dfrac{3}{5}$, $\dfrac{2}{6}$

⑦ $\dfrac{2}{8}$, $\dfrac{1}{9}$　⑧ $\dfrac{5}{7}$, $\dfrac{4}{8}$　⑨ $\dfrac{3}{5}$, $\dfrac{6}{8}$　⑩ $\dfrac{3}{7}$, $\dfrac{5}{9}$　⑪ $\dfrac{1}{2}$, $\dfrac{2}{3}$　⑫ $\dfrac{2}{7}$, $\dfrac{1}{6}$

⑬ $\dfrac{4}{8}$, $\dfrac{3}{4}$　⑭ $\dfrac{5}{7}$, $\dfrac{4}{5}$　⑮ $\dfrac{3}{8}$, $\dfrac{1}{7}$　⑯ $\dfrac{2}{9}$, $\dfrac{5}{10}$

6주 소수 11~12쪽

① 0.1　② 0.3　③ 0.6　④ 0.5　⑤ 0.2　⑥ 0.4　⑦ 0.9　⑧ 0.7　⑨ 0.5　⑩ 0.8　⑪ 0.4　⑫ 0.1

⑬ 0.2　⑭ 0.3　⑮ 0.7　⑯ $\dfrac{7}{10}$　⑰ $\dfrac{6}{10}$　⑱ $\dfrac{1}{10}$　⑲ $\dfrac{4}{10}$　⑳ $\dfrac{2}{10}$　㉑ $\dfrac{7}{10}$　㉒ $\dfrac{6}{10}$　㉓ $\dfrac{4}{10}$　㉔ $\dfrac{8}{10}$

㉕ $\dfrac{7}{10}$　㉖ $\dfrac{5}{10}$　㉗ $\dfrac{3}{10}$　㉘ $\dfrac{2}{10}$　㉙ $\dfrac{1}{10}$　㉚ $\dfrac{9}{10}$

7주 소수의 크기 비교 13~14쪽

① <　② >　③ >　④ >　⑤ <　⑥ >　⑦ <　⑧ =　⑨ <　⑩ >　⑪ >　⑫ <
⑬ <　⑭ <　⑮ >　⑯ >　⑰ <　⑱ =　⑲ <　⑳ >　㉑ <　㉒ =　㉓ >　㉔ >
㉕ =　㉖ <　㉗ <　㉘ >　㉙ <　㉚ <　㉛ <　㉜ <　㉝ <　㉞ >　㉟ <　㊱ >
㊲ >　㊳ >　㊴ =　㊵ <　㊶ <　㊷ <　㊸ <　㊹ >　㊺ =　㊻ <　㊼ >　㊽ <

8주 문해결 소수 15~16쪽

① 민서　② 지연　③ 강아지　④ 주스　⑤ 돼지고기　⑥ 하제　⑦ 제주　⑧ 하랑　⑨ 파란색
⑩ 태경　⑪ 범상　⑫ 선화

사고셈

이 책의 **구성과 특징**

생각의 힘을 키우는 사고(思考)셈은 1주 4개, 8주 32개의 사고력 유형 학습을 통해 수와 연산에 대한 개념의 응용력(추론 및 문제해결능력)을 키울 수 있도록 하였습니다.

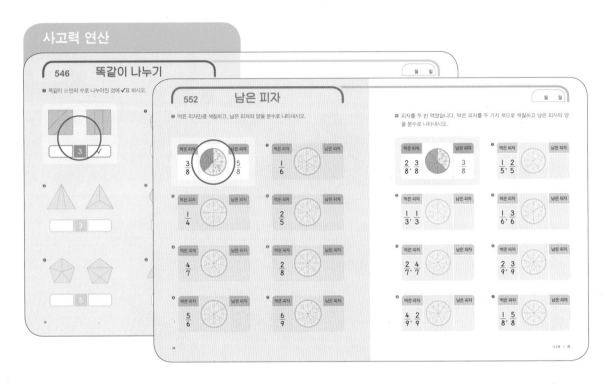

- ◈ 대표 사고력 유형으로 연산 원리를 쉽게쉽게
- ◈ 1~4일차: 다양한 유형의 주 진도 학습

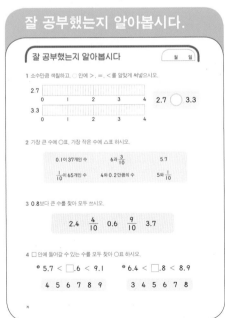

◈ 5일차 점검 학습: 주 진도 학습 확인

○ 권두부록 (기본연산 Check-Book)

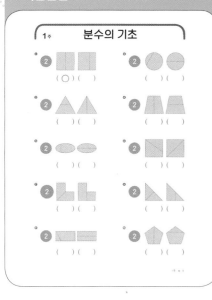

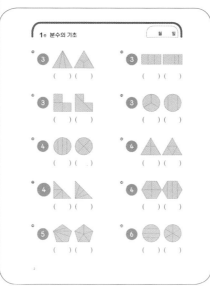

● 본 학습 전 기본연산 실력 진단

○ 권말부록 (G-Book)

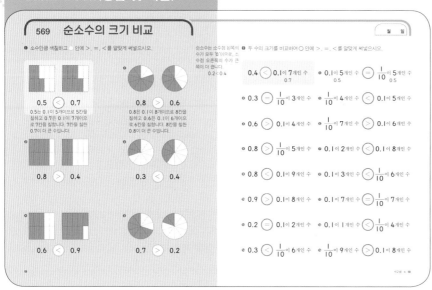

● 문제와 답을 한 눈에!

● 상세한 풀이와 친절한 해설, 답

학습 효과 및 활용법

🔺 학습 효과

수학적 사고력 향상

생각의 다양성 향상

스스로 생각을 만드는 직관 학습

추론능력, 문제해결력 향상

연산의 원리 이해

수·연산 영역 완벽 대비

다양한 유형으로 수 조작력 향상

진도 학습 및 점검 학습으로
연산 학습 완성

사고셈

🔺 주차별 활용법

1단계
기본연산
Check-Book으로
준비 학습

2단계
사고력 유형으로
진도 학습

3단계
마무리 문제로
점검 학습

1단계 : 기본연산 Check-Book으로 사고력 연산을 위한 준비 학습을 합니다.
2단계 : 사고력 유형으로 사고력 연산의 진도 학습을 합니다.
3단계 : 한 주마다 점검 학습(잘 공부했는지 알아봅시다)으로 사고력 향상을 확인합니다.

학습 구성

이 책의 **학습 로드맵**

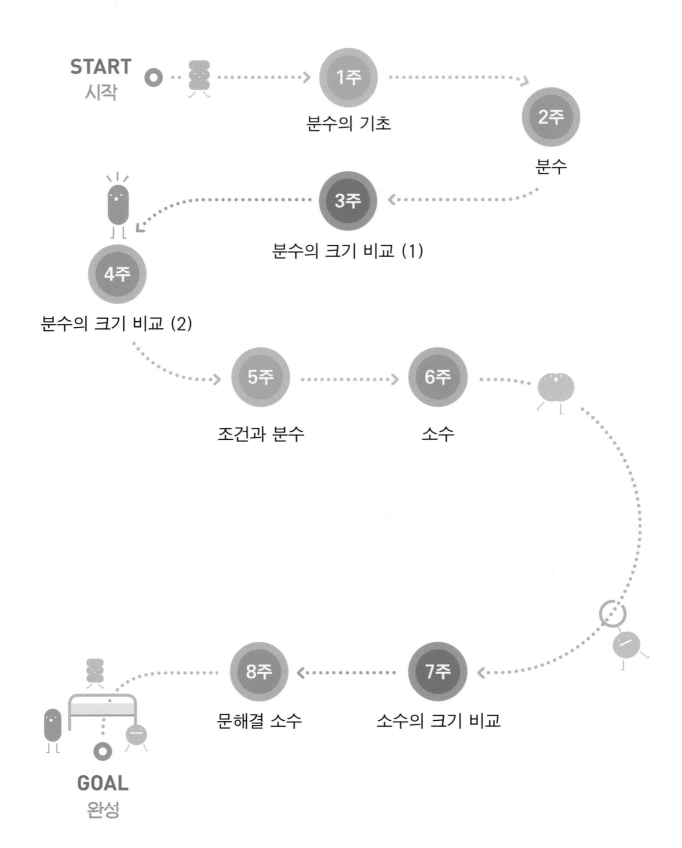

START
시작

1주
분수의 기초

2주
분수

3주
분수의 크기 비교 (1)

4주
분수의 크기 비교 (2)

5주
조건과 분수

6주
소수

7주
소수의 크기 비교

8주
문해결 소수

GOAL
완성

1

분수의 기초

똑같이 둘로 나누기

● 똑같이 둘로 나누어진 것에 ○표 하시오.

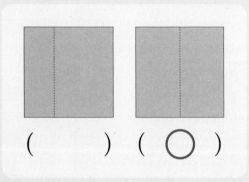

(   ) (○)

❶
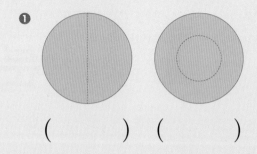

(   ) (   )

❷
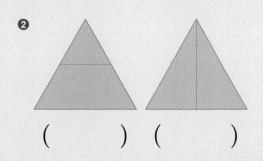

(   ) (   )

❸
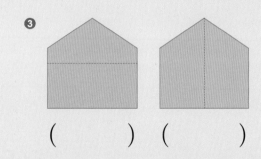

(   ) (   )

❹
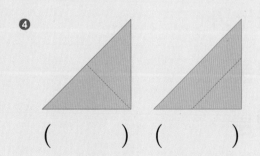

(   ) (   )

❺
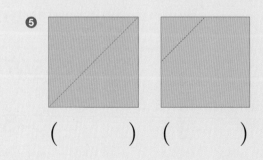

(   ) (   )

❻
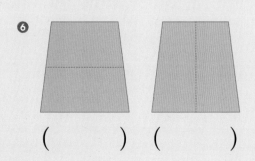

(   ) (   )

❼
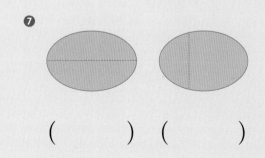

(   ) (   )

✦ 주어진 점에서 시작하여 똑같이 둘로 나누어 보시오.

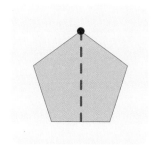

❶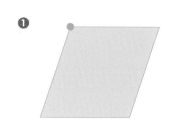

❷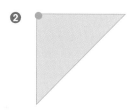

❸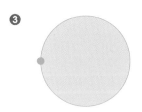

❹

❺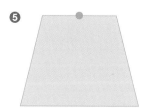

❻

❼

❽

❾

❿

⓫

똑같이 나누기

● 똑같이 　 안의 수로 나누어진 것에 ✓표 하시오.

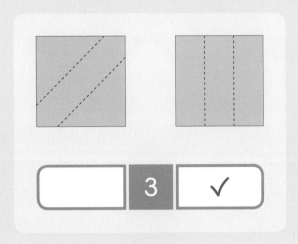

| | 3 | ✓ |

❶

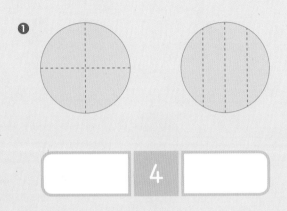

| | 4 | |

❷

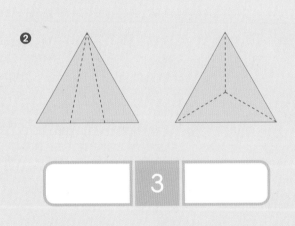

| | 3 | |

❸

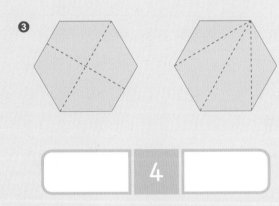

| | 4 | |

❹

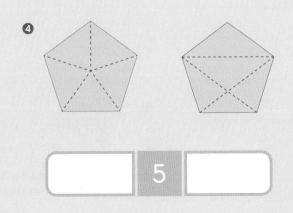

| | 5 | |

❺

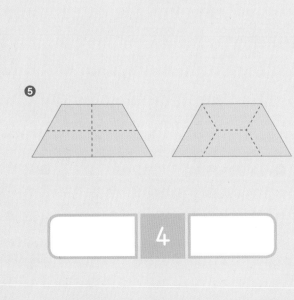

| | 4 | |

✛ 점을 이어 ⬤안의 수만큼 똑같이 나누어 보시오.

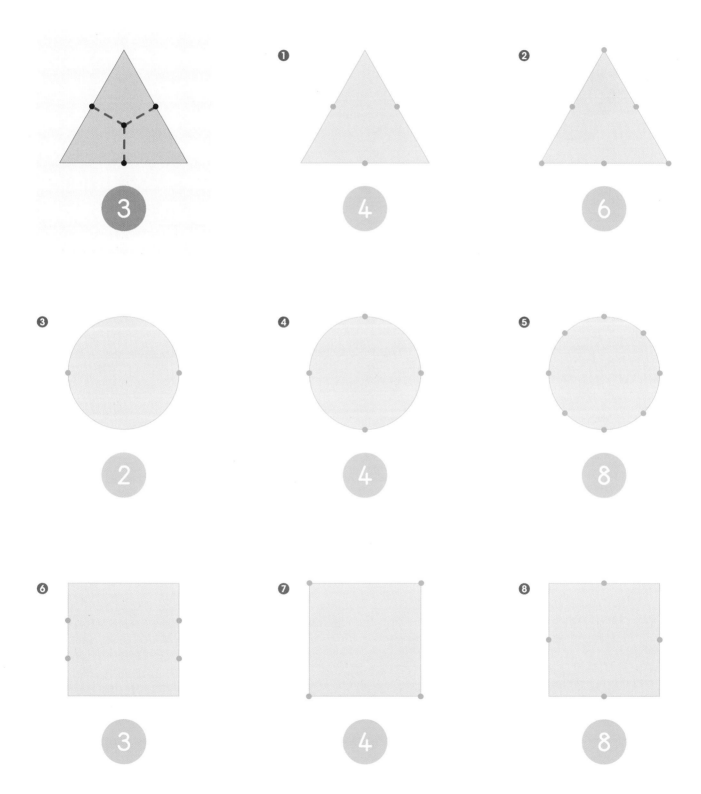

색칠한 부분

● 알맞게 색칠하시오.

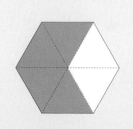

전체를 똑같이 6으로
나눈 것 중의 4

❶
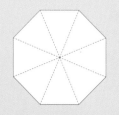

전체를 똑같이 8로
나눈 것 중의 3

❷
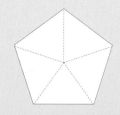

전체를 똑같이 5로
나눈 것 중의 2

❸

전체를 똑같이 9로
나눈 것 중의 3

❹
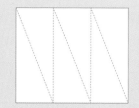

전체를 똑같이 6으로
나눈 것 중의 5

❺
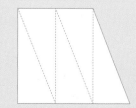

전체를 똑같이 5로
나눈 것 중의 1

❻
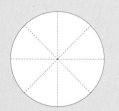

전체를 똑같이 8로
나눈 것 중의 5

❼
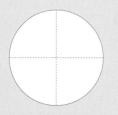

전체를 똑같이 4로
나눈 것 중의 3

❽
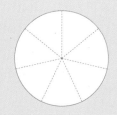

전체를 똑같이 7로
나눈 것 중의 4

✚ 그림을 보고 빈칸에 알맞은 수를 써넣으시오.

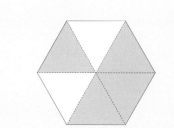

색칠된 부분은 전체를 똑같이
6 으로 나눈 것 중의 4 입
니다.

❶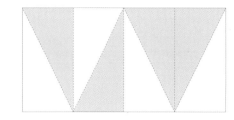

색칠된 부분은 전체를 똑같이
☐ 로 나눈 것 중의 ☐ 입
니다.

❷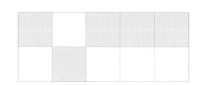

색칠된 부분은 전체를 똑같이
☐ 으로 나눈 것 중의 ☐
입니다.

❸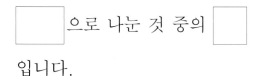

색칠된 부분은 전체를 똑같이
☐ 로 나눈 것 중의 ☐ 입
니다.

❹

색칠된 부분은 전체를 똑같이
☐ 로 나눈 것 중의 ☐ 입
니다.

❺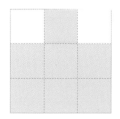

색칠된 부분은 전체를 똑같이
☐ 로 나눈 것 중의 ☐ 입
니다.

전체와 부분

● 그림을 보고 빈칸에 알맞은 수를 써넣으시오.

부분 은 전체 를 똑같이 **4** 로 나눈 것 중의 **2** 입니다.

❶ 부분 은 전체 를 똑같이 □ 으로 나눈 것 중의 □ 입니다.

❷ 부분 은 전체 를 똑같이 □ 로 나눈 것 중의 □ 입니다.

❸ 부분 은 전체 를 똑같이 □ 로 나눈 것 중의 □ 입니다.

❹ 부분 은 전체 를 똑같이 □ 로 나눈 것 중의 □ 입니다.

⊕ 전체를 똑같이 나누고 색칠하시오.

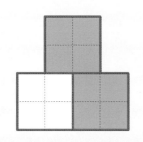

전체를 똑같이 3으로
나눈 것 중의 2

❶

전체를 똑같이 3으로
나눈 것 중의 1

❷
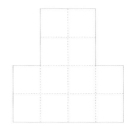

전체를 똑같이 4로
나눈 것 중의 3

❸

전체를 똑같이 5로
나눈 것 중의 3

❹
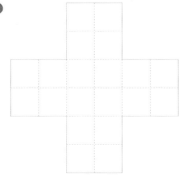

전체를 똑같이 4로
나눈 것 중의 1

❺
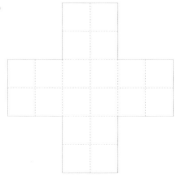

전체를 똑같이 10으
로 나눈 것 중의 7

❻

전체를 똑같이 4로
나눈 것 중의 2

❼

전체를 똑같이 3으로
나눈 것 중의 2

❽

전체를 똑같이 6으로
나눈 것 중의 5

1 그림을 보고 빈칸에 알맞은 수를 써넣으시오.

❶

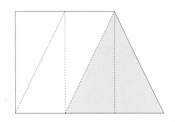

색칠한 부분은 전체를 똑같이
□ 로 나눈 것 중의 □ 입
니다.

❷

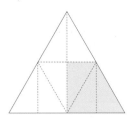

색칠한 부분은 전체를 똑같이
□ 로 나눈 것 중의 □ 입
니다.

2 전체를 똑같이 **5**로 나눈 것 중의 **3**을 색칠한 것을 찾아 모두 ○표 하시오.

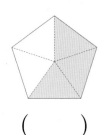      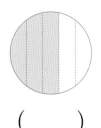   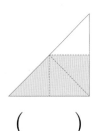

(   )   (   )   (   )   (   )

3 전체를 똑같이 나누고 색칠하시오.

❶

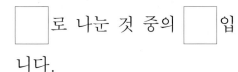

전체를 똑같이 **4**로 나눈
것 중의 **2**

❷

전체를 똑같이 **4**로 나눈
것 중의 **3**

2 분수

분수 읽기

● 관계 있는 것끼리 선으로 이으시오.

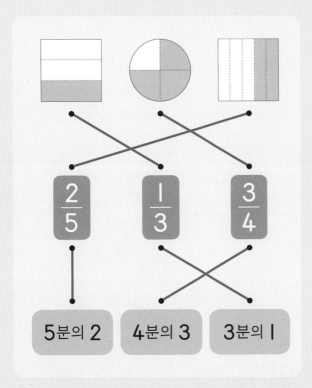

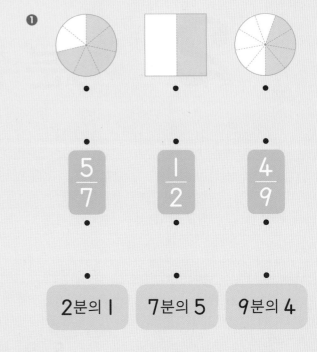

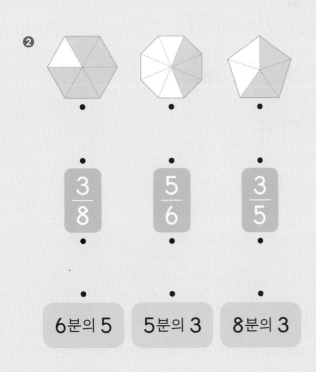

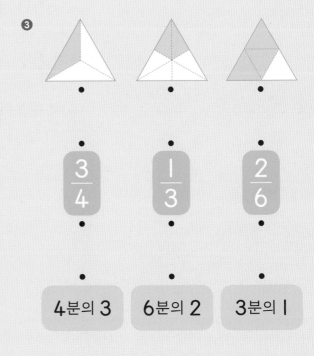

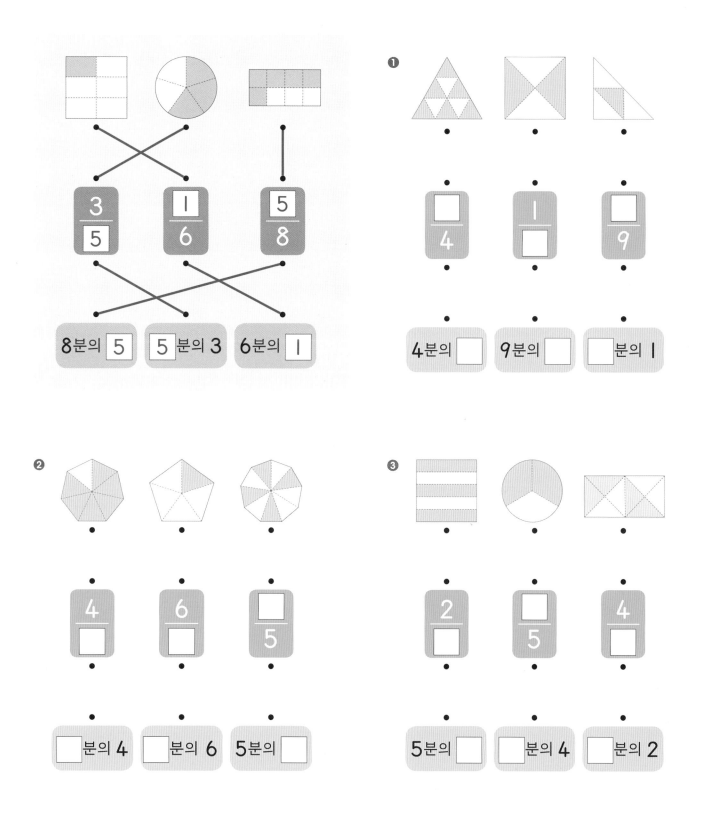

빈칸에 알맞은 수를 써넣고 관계 있는 것끼리 선으로 이으시오.

분수로 나타내기

● 전체에 대하여 색칠된 부분의 크기를 분수로 나타내시오.

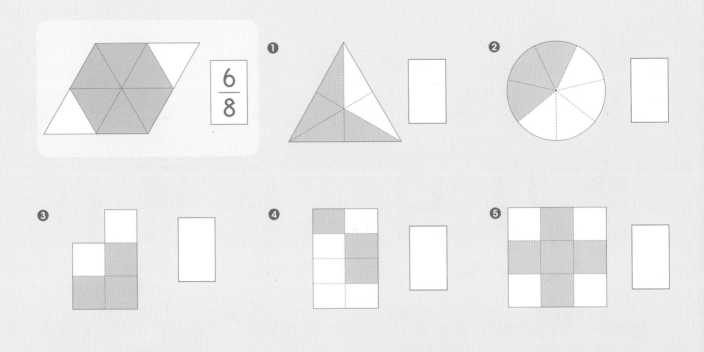

● 주어진 분수만큼 색칠하시오.

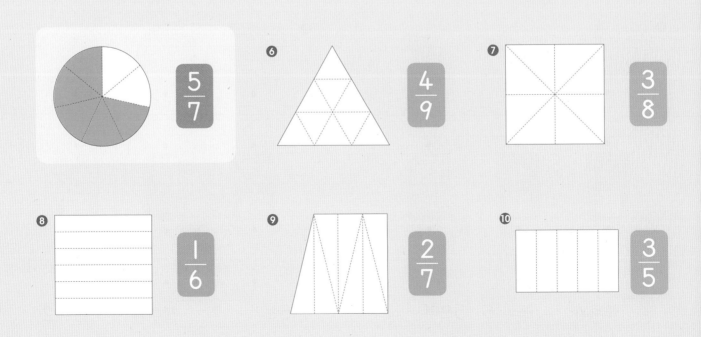

⊕ 분수를 바르게 나타낸 것에 ○표, 잘못 나타낸 것에 ✕표 하시오.

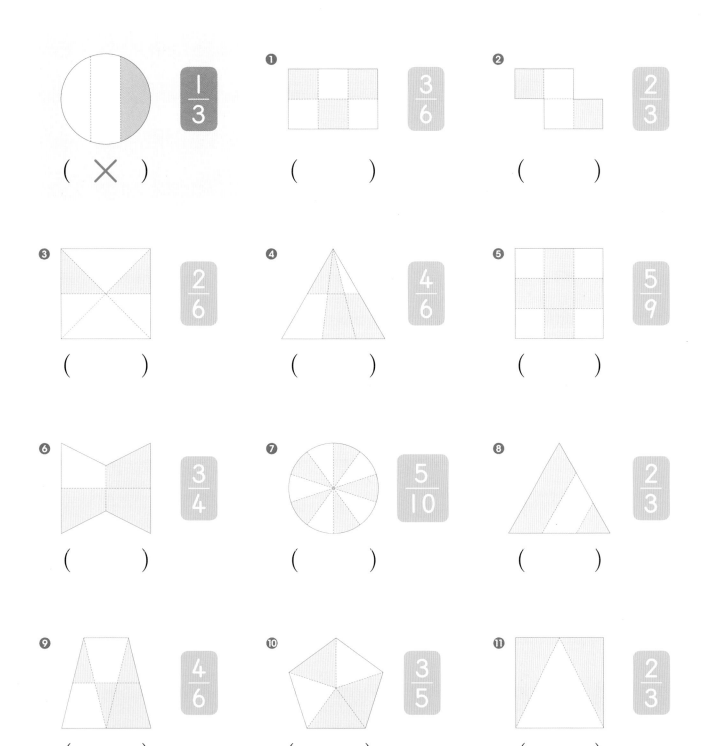

(✕)

❶ ( )

❷ ( )

❸ ( )

❹ ( )

❺ ( )

❻ ( )

❼ ( )

❽ ( )

❾ ( )

❿ ( )

⓫ ( )

단위 분수의 개수

● 분수만큼 색칠하고, 빈칸에 알맞은 수를 써넣으시오.

$\dfrac{4}{5}$

$\dfrac{4}{5}$ 는 $\dfrac{1}{5}$ 이 $\boxed{4}$ 개입니다.

$\dfrac{1}{5}$

$\dfrac{1}{5}$ 이 4개이면 $\boxed{\dfrac{4}{5}}$ 입니다.

❶

$\dfrac{5}{6}$

$\dfrac{5}{6}$ 는 $\dfrac{1}{6}$ 이 $\boxed{}$ 개입니다.

$\dfrac{1}{6}$

$\dfrac{1}{6}$ 이 5개이면 $\boxed{}$ 입니다.

❷

$\dfrac{3}{4}$

$\dfrac{3}{4}$ 은 $\dfrac{1}{4}$ 이 $\boxed{}$ 개입니다.

$\dfrac{1}{4}$

$\dfrac{1}{4}$ 이 3개이면 $\boxed{}$ 입니다.

❸

$\dfrac{4}{7}$

$\dfrac{4}{7}$ 는 $\dfrac{1}{7}$ 이 $\boxed{}$ 개입니다.

$\dfrac{1}{7}$

$\dfrac{1}{7}$ 이 4개이면 $\boxed{}$ 입니다.

✦ 빈칸에 알맞은 수를 써넣으시오.

$\dfrac{3}{6}$ 은 $\dfrac{1}{6}$ 의 $\boxed{3}$ 배이므로 $\dfrac{3}{6}$ 은 $\dfrac{1}{6}$ 이 $\boxed{3}$ 개입니다.

❶ $\dfrac{2}{5}$ 는 $\dfrac{1}{5}$ 의 $\boxed{}$ 배이므로 $\dfrac{2}{5}$ 는 $\dfrac{1}{5}$ 이 $\boxed{}$ 개입니다.

❷ $\dfrac{5}{7}$ 는 $\dfrac{1}{7}$ 의 $\boxed{}$ 배이므로 $\dfrac{5}{7}$ 는 $\dfrac{1}{7}$ 이 $\boxed{}$ 개입니다.

❸ $\dfrac{3}{8}$ 은 $\dfrac{1}{8}$ 이 $\boxed{}$ 개입니다.

❹ $\dfrac{1}{5}$ 이 3개이면 $\dfrac{\boxed{}}{5}$ 입니다.

❺ $\dfrac{8}{9}$ 은 $\dfrac{1}{\boxed{}}$ 이 8개입니다.

❻ $\dfrac{1}{9}$ 이 7개이면 $\dfrac{7}{\boxed{}}$ 입니다.

❼ $\dfrac{\boxed{}}{6}$ 는 $\dfrac{1}{6}$ 이 5개입니다.

❽ $\dfrac{1}{\boxed{}}$ 이 2개이면 $\dfrac{2}{3}$ 입니다.

❾ $\dfrac{6}{\boxed{}}$ 은 $\dfrac{1}{7}$ 이 6개입니다.

❿ $\dfrac{\boxed{}}{9}$ 이 7개이면 $\dfrac{7}{9}$ 입니다.

남은 피자

● 먹은 피자만큼 색칠하고, 남은 피자의 양을 분수로 나타내시오.

먹은 피자		남은 피자
$\dfrac{3}{8}$		$\dfrac{5}{8}$

❶

먹은 피자		남은 피자
$\dfrac{1}{6}$		

❷

먹은 피자		남은 피자
$\dfrac{1}{4}$		

❸

먹은 피자		남은 피자
$\dfrac{2}{5}$		

❹

먹은 피자		남은 피자
$\dfrac{4}{7}$		

❺

먹은 피자		남은 피자
$\dfrac{2}{8}$		

❻

먹은 피자		남은 피자
$\dfrac{5}{6}$		

❼

먹은 피자		남은 피자
$\dfrac{6}{9}$		

✤ 피자를 두 번 먹었습니다. 먹은 피자를 두 가지 색으로 색칠하고 남은 피자의 양을 분수로 나타내시오.

먹은 피자		남은 피자
$\dfrac{2}{8}$, $\dfrac{3}{8}$		$\dfrac{3}{8}$

❶

먹은 피자		남은 피자
$\dfrac{1}{5}$, $\dfrac{2}{5}$		

❷

먹은 피자		남은 피자
$\dfrac{1}{3}$, $\dfrac{1}{3}$		

❸

먹은 피자		남은 피자
$\dfrac{1}{6}$, $\dfrac{3}{6}$		

❹

먹은 피자		남은 피자
$\dfrac{2}{7}$, $\dfrac{4}{7}$		

❺

먹은 피자		남은 피자
$\dfrac{2}{9}$, $\dfrac{3}{9}$		

❻

먹은 피자		남은 피자
$\dfrac{4}{9}$, $\dfrac{2}{9}$		

❼

먹은 피자		남은 피자
$\dfrac{1}{8}$, $\dfrac{5}{8}$		

1 색칠한 부분이 나타내는 분수가 다른 하나를 찾아 ○표 하시오.

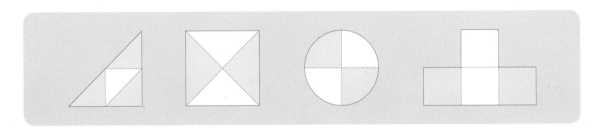

2 관계 있는 것끼리 선으로 이으시오.

$\dfrac{3}{8}$ 6분의 4

$\dfrac{2}{4}$ 8분의 3

$\dfrac{4}{6}$ 4분의 2

3 종이에 두 가지 색으로 색칠을 하였습니다. 빈칸에 알맞은 수를 써넣으시오.

❶

빨간색 : $\dfrac{3}{8}$, 파란색 : ☐

색칠하지 않은 부분 : ☐

❷

빨간색 : ☐ , 파란색 : ☐

색칠하지 않은 부분 : ☐

3 분수의 크기 비교 (1)

● 분수만큼 색칠하고, ◯ 안에 >, =, <를 알맞게 써넣으시오.

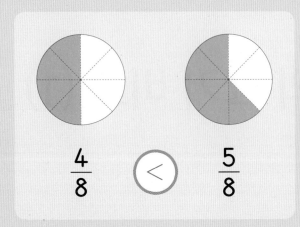

$$\frac{4}{8}$$ < $$\frac{5}{8}$$

❶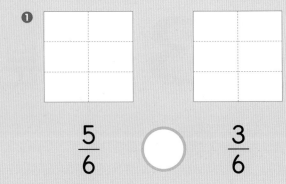

$$\frac{5}{6}$$ ◯ $$\frac{3}{6}$$

❷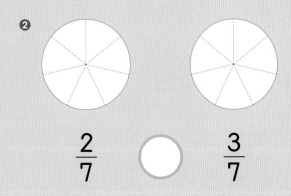

$$\frac{2}{7}$$ ◯ $$\frac{3}{7}$$

❸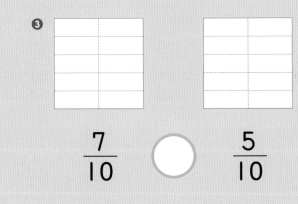

$$\frac{7}{10}$$ ◯ $$\frac{5}{10}$$

❹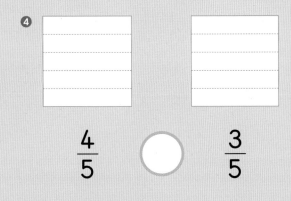

$$\frac{4}{5}$$ ◯ $$\frac{3}{5}$$

❺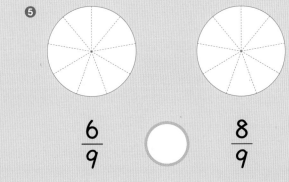

$$\frac{6}{9}$$ ◯ $$\frac{8}{9}$$

◈ 두 분수의 크기를 비교하여 ○ 안에 >, =, <를 알맞게 써넣으시오.

$\dfrac{3}{4}$ ⟩ $\dfrac{2}{4}$

❶ $\dfrac{6}{7}$ ○ $\dfrac{5}{7}$

❷ $\dfrac{1}{10}$ ○ $\dfrac{4}{10}$

❸ $\dfrac{5}{6}$ ○ $\dfrac{4}{6}$

❹ $\dfrac{3}{12}$ ○ $\dfrac{9}{12}$

❺ $\dfrac{2}{8}$ ○ $\dfrac{7}{8}$

❻ $\dfrac{1}{3}$ ○ $\dfrac{2}{3}$

❼ $\dfrac{2}{5}$ ○ $\dfrac{1}{5}$

❽ $\dfrac{5}{9}$ ○ $\dfrac{4}{9}$

❾ $\dfrac{1}{9}$이 3개인 수 ○ $\dfrac{4}{9}$

❿ $\dfrac{6}{7}$ ○ $\dfrac{1}{7}$이 3개인 수

⓫ $\dfrac{1}{8}$이 5개인 수 ○ $\dfrac{3}{8}$

⓬ $\dfrac{7}{9}$ ○ $\dfrac{1}{9}$이 8개인 수

⓭ $\dfrac{1}{6}$이 2개인 수 ○ $\dfrac{3}{6}$

⓮ $\dfrac{4}{11}$ ○ $\dfrac{1}{11}$이 10개인 수

단위 분수의 크기 비교

● 분수만큼 색칠하고, ⃝ 안에 >, =, <를 알맞게 써넣으시오.

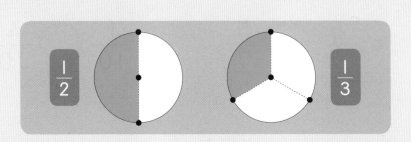

$\dfrac{1}{2}$ ⊙> $\dfrac{1}{3}$

❶

$\dfrac{1}{4}$ ⃝ $\dfrac{1}{8}$

❷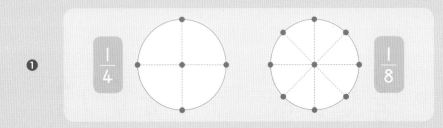

$\dfrac{1}{7}$ ⃝ $\dfrac{1}{3}$

❸

$\dfrac{1}{5}$ ⃝ $\dfrac{1}{10}$

🔵 부등호에 맞게 ▨ 안의 분수를 빈칸에 써넣으시오.

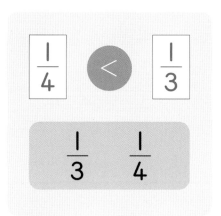

❶

❷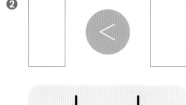

❸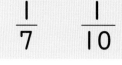

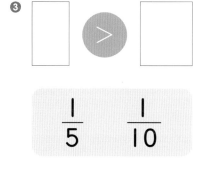

❹

❺

❻

❼

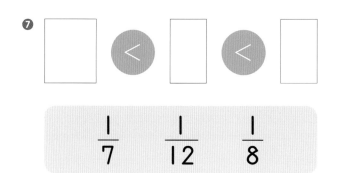

555 분자가 같은 분수의 크기 비교

● 분수만큼 색칠하고, ◯ 안에 >, =, <를 알맞게 써넣으시오.

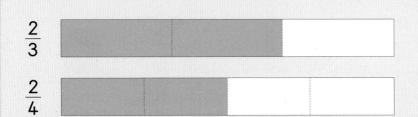

$\dfrac{2}{3}$ ⊙ $\dfrac{2}{4}$

❶ $\dfrac{3}{7}$

$\dfrac{3}{5}$

$\dfrac{3}{7}$ ◯ $\dfrac{3}{5}$

❷ $\dfrac{5}{6}$

$\dfrac{5}{9}$

$\dfrac{5}{6}$ ◯ $\dfrac{5}{9}$

❸ $\dfrac{4}{5}$

$\dfrac{4}{6}$

$\dfrac{4}{5}$ ◯ $\dfrac{4}{6}$

❹ $\dfrac{7}{10}$

$\dfrac{7}{8}$

$\dfrac{7}{10}$ ◯ $\dfrac{7}{8}$

✚ 분수만큼 색칠하고, 큰 수부터 차례로 쓰시오.

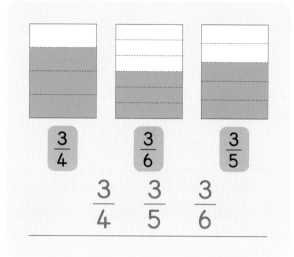

$$\frac{3}{4} \quad \frac{3}{5} \quad \frac{3}{6}$$

❶

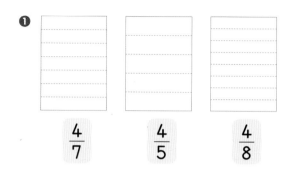

$$\frac{4}{7} \qquad \frac{4}{5} \qquad \frac{4}{8}$$

❷

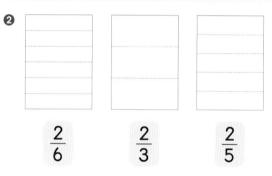

$$\frac{2}{6} \qquad \frac{2}{3} \qquad \frac{2}{5}$$

❸

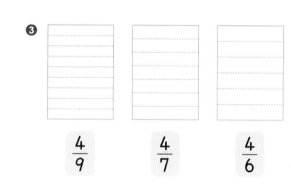

$$\frac{4}{9} \qquad \frac{4}{7} \qquad \frac{4}{6}$$

❹

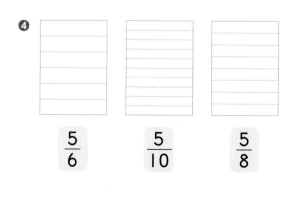

$$\frac{5}{6} \qquad \frac{5}{10} \qquad \frac{5}{8}$$

❺

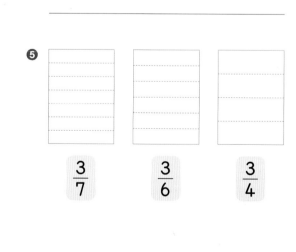

$$\frac{3}{7} \qquad \frac{3}{6} \qquad \frac{3}{4}$$

네모 대소

● □ 안에 들어갈 수 있는 수에 ○표 하시오.

$\dfrac{3}{8}$ < $\dfrac{\square}{8}$

2　　④

❶ $\dfrac{5}{7}$ > $\dfrac{\square}{7}$

4　　6

❷ $\dfrac{2}{5}$ < $\dfrac{\square}{5}$

1　　3

❸ $\dfrac{1}{3}$ > $\dfrac{1}{\square}$

2　　4

❹ $\dfrac{1}{7}$ < $\dfrac{1}{\square}$

8　　6

❺ $\dfrac{1}{6}$ > $\dfrac{1}{\square}$

5　　7

❻ $\dfrac{2}{7}$ < $\dfrac{2}{\square}$

6　　8

❼ $\dfrac{5}{9}$ > $\dfrac{5}{\square}$

6　　10

❽ $\dfrac{3}{8}$ < $\dfrac{3}{\square}$

5　　9

❾ $\dfrac{7}{9}$ > $\dfrac{\square}{9}$

3　　8

❿ $\dfrac{1}{5}$ < $\dfrac{1}{\square}$

4　　9

⓫ $\dfrac{6}{10}$ < $\dfrac{6}{\square}$

12　　8

✚ □ 안에 들어갈 수 있는 수에 모두 ○표 하시오.

$\dfrac{2}{7}$ > $\dfrac{2}{\square}$

5   6   7   ⑧   ⑨

❶ $\dfrac{5}{9}$ < $\dfrac{\square}{9}$

3   4   5   6   7

❷ $\dfrac{3}{6}$ < $\dfrac{3}{\square}$

4   5   6   7   8

❸ $\dfrac{1}{8}$ > $\dfrac{1}{\square}$

6   7   8   9   10

❹ $\dfrac{8}{12}$ < $\dfrac{\square}{12}$ < $\dfrac{11}{12}$

7   8   9   10   11

❺ $\dfrac{3}{7}$ < $\dfrac{\square}{7}$ < $\dfrac{6}{7}$

3   4   5   6   7

❻ $\dfrac{1}{11}$ > $\dfrac{1}{\square}$ > $\dfrac{1}{14}$

11   12   13   14   15

❼ $\dfrac{3}{12}$ < $\dfrac{3}{\square}$ < $\dfrac{3}{9}$

9   10   11   12   13

월   일

1 그림에 분수만큼 색칠하고 ◯ 안에 ＞, ＝, ＜를 알맞게 써넣으시오.

❶ $\dfrac{3}{7}$

$\dfrac{6}{7}$

$\dfrac{3}{7}$ ◯ $\dfrac{6}{7}$

❷ $\dfrac{2}{5}$

$\dfrac{2}{8}$

$\dfrac{2}{5}$ ◯ $\dfrac{2}{8}$

2 분수의 크기를 비교하여 가장 큰 수에 ◯표, 가장 작은 수에 △표 하시오.

$$\dfrac{3}{13} \quad \dfrac{7}{13} \quad \dfrac{12}{13} \quad \dfrac{8}{13} \quad \dfrac{5}{13}$$

3 □ 안에 들어갈 수 있는 수에 모두 ◯표 하시오.

❶ $\dfrac{4}{15}$ ＜ $\dfrac{4}{\square}$ ＜ $\dfrac{4}{12}$

11 12 13 14 15

❷ $\dfrac{1}{13}$ ＜ $\dfrac{\square}{13}$ ＜ $\dfrac{9}{13}$

7   8   9   10   11

4 분수의 크기 비교 (2)

$\frac{1}{2}$ 과 크기가 같은 분수

● 수직선의 빈칸에 알맞은 분수를 쓰고, ◯ 안에 >, =, <를 알맞게 써넣으시오.

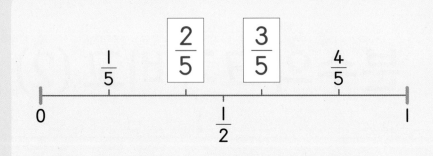

$\frac{2}{5}$ ◯< $\frac{1}{2}$

$\frac{3}{5}$ ◯> $\frac{1}{2}$

❶
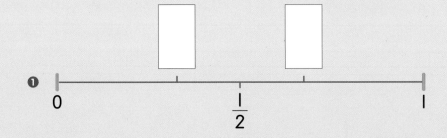

$\frac{1}{3}$ ◯ $\frac{1}{2}$

$\frac{2}{3}$ ◯ $\frac{1}{2}$

❷
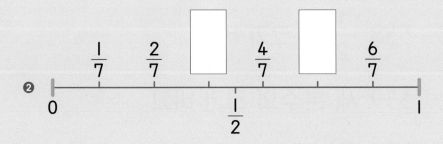

$\frac{3}{7}$ ◯ $\frac{1}{2}$

$\frac{5}{7}$ ◯ $\frac{1}{2}$

❸
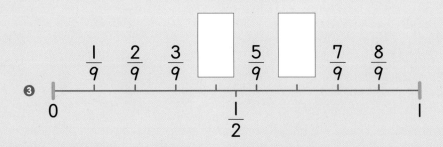

$\frac{4}{9}$ ◯ $\frac{1}{2}$

$\frac{6}{9}$ ◯ $\frac{1}{2}$

✜ 수직선의 빈칸에 알맞은 분수를 쓰고, □ 안에 $\frac{1}{2}$과 크기가 같은 분수를 쓰시오.

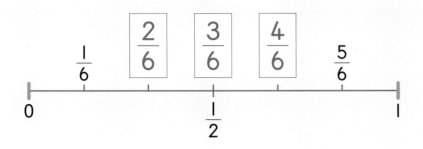

$$\boxed{\frac{3}{6}} = \frac{1}{2}$$

❶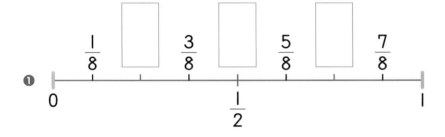

$$\boxed{} = \frac{1}{2}$$

❷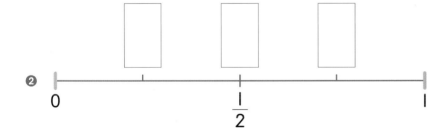

$$\boxed{} = \frac{1}{2}$$

❸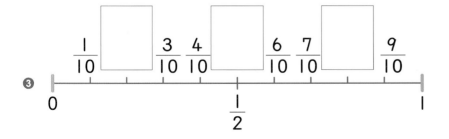

$$\boxed{} = \frac{1}{2}$$

$\dfrac{1}{2}$과 크기 비교

분수만큼 색칠하여 $\dfrac{1}{2}$과 크기를 비교하고, 알맞은 말에 ◯표 하시오.

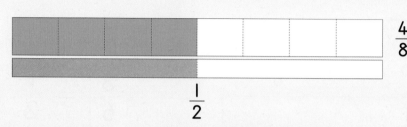

$\dfrac{4}{8}$

$\dfrac{1}{2}$

$\dfrac{4}{8}$ ⬤= $\dfrac{1}{2}$

분자 **4**의 **2**배는 분모 **8**과 ((같다) , 다르다).

❶
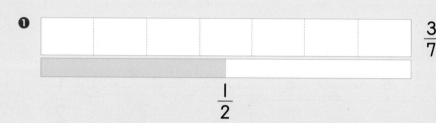

$\dfrac{3}{7}$

$\dfrac{1}{2}$

$\dfrac{3}{7}$ ◯ $\dfrac{1}{2}$

분자 **3**의 **2**배는 분모 **7**보다 (크다 , 작다).

❷
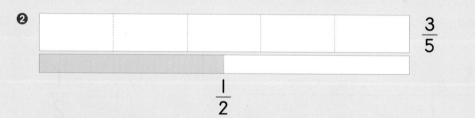

$\dfrac{3}{5}$

$\dfrac{1}{2}$

$\dfrac{3}{5}$ ◯ $\dfrac{1}{2}$

분자 **3**의 **2**배는 분모 **5**보다 (크다 , 작다).

❸

$\dfrac{3}{6}$

$\dfrac{1}{2}$

$\dfrac{3}{6}$ ◯ $\dfrac{1}{2}$

분자 **3**의 **2**배는 분모 **6**과 (같다 , 다르다).

✤ 크기 비교에 맞게 ▨ 안의 분수를 빈칸에 써넣으시오.

$$\dfrac{3}{8} < \boxed{\dfrac{1}{2}} = \dfrac{4}{8} < \dfrac{5}{8}$$

$$\dfrac{3}{8} \quad \dfrac{4}{8} \quad \dfrac{5}{8}$$

❶ $\boxed{} < \boxed{\dfrac{1}{2}} < \boxed{}$

$$\dfrac{3}{7} \quad \dfrac{4}{7}$$

❷ $\boxed{} < \boxed{\dfrac{1}{2}} = \boxed{} < \boxed{}$

$$\dfrac{2}{6} \quad \dfrac{3}{6} \quad \dfrac{4}{6}$$

❸ $\boxed{} < \boxed{\dfrac{1}{2}} < \boxed{}$

$$\dfrac{2}{5} \quad \dfrac{3}{5}$$

❹ $\boxed{} < \boxed{\dfrac{1}{2}} = \boxed{} < \boxed{}$

$$\dfrac{5}{10} \quad \dfrac{3}{10} \quad \dfrac{7}{10}$$

❺ $\boxed{} < \boxed{\dfrac{1}{2}} < \boxed{}$

$$\dfrac{7}{9} \quad \dfrac{2}{9}$$

세 분수의 크기 비교

◑ ○ 안에 >, =, <를 알맞게 써넣고, 관계 있는 것끼리 선으로 이으시오.

$\dfrac{2}{6}$ ⊘< $\dfrac{4}{7}$

$\dfrac{2}{7}$ ⊘> $\dfrac{2}{8}$

$\dfrac{3}{5}$ ⊘< $\dfrac{4}{5}$

분모가 같은 분수는 분자가 클수록 큰 수입니다.

$\dfrac{1}{2}$보다 큰 분수와 $\dfrac{1}{2}$보다 작은 분수를 비교합니다.

분자가 같은 분수는 분모가 작을수록 큰 수입니다.

❶

$\dfrac{1}{8}$ ◯ $\dfrac{1}{10}$ •

$\dfrac{7}{9}$ ◯ $\dfrac{8}{9}$ •

$\dfrac{4}{5}$ ◯ $\dfrac{3}{7}$ •

• 분자가 1인 분수는 분모가 작을수록 큰 수입니다.

• 분모가 같은 분수는 분자가 클수록 큰 수입니다.

• $\dfrac{1}{2}$보다 큰 분수와 $\dfrac{1}{2}$보다 작은 분수를 비교합니다.

❷

$\dfrac{5}{7}$ ◯ $\dfrac{5}{6}$ •

$\dfrac{3}{9}$ ◯ $\dfrac{4}{8}$ •

$\dfrac{4}{10}$ ◯ $\dfrac{2}{10}$ •

• 분모가 같은 분수는 분자가 클수록 큰 수입니다.

• $\dfrac{1}{2}$과 같은 분수와 $\dfrac{1}{2}$보다 작은 분수를 비교합니다.

• 분자가 같은 분수는 분모가 작을수록 큰 수입니다.

◆ ◯ 안에 >, =, <를 알맞게 써넣으시오.

$$\frac{2}{7} \;\bigcirc\!\!\!>\; \frac{2}{9} \;\bigcirc\!\!\!>\; \frac{2}{10}$$

❶ $\dfrac{3}{8} \;\bigcirc\; \dfrac{5}{8} \;\bigcirc\; \dfrac{6}{8}$

❷ $\dfrac{2}{6} \;\bigcirc\; \dfrac{1}{2} \;\bigcirc\; \dfrac{4}{7}$

❸ $\dfrac{1}{5} \;\bigcirc\; \dfrac{1}{4} \;\bigcirc\; \dfrac{1}{3}$

❹ $\dfrac{7}{11} \;\bigcirc\; \dfrac{3}{11} \;\bigcirc\; \dfrac{1}{11}$

❺ $\dfrac{5}{8} \;\bigcirc\; \dfrac{1}{2} \;\bigcirc\; \dfrac{3}{6}$

❻ $\dfrac{5}{6} \;\bigcirc\; \dfrac{5}{7} \;\bigcirc\; \dfrac{5}{8}$

❼ $\dfrac{3}{10} \;\bigcirc\; \dfrac{5}{10} \;\bigcirc\; \dfrac{9}{10}$

❽ $\dfrac{3}{8} \;\bigcirc\; \dfrac{1}{2} \;\bigcirc\; \dfrac{7}{9}$

❾ $\dfrac{1}{9} \;\bigcirc\; \dfrac{1}{12} \;\bigcirc\; \dfrac{1}{15}$

❿ $\dfrac{6}{9} \;\bigcirc\; \dfrac{7}{9} \;\bigcirc\; \dfrac{8}{9}$

⓫ $\dfrac{3}{11} \;\bigcirc\; \dfrac{3}{9} \;\bigcirc\; \dfrac{3}{5}$

토너먼트 비교

● 선으로 연결된 두 분수의 크기를 비교하여 빈칸에 큰 분수를 써넣으시오.

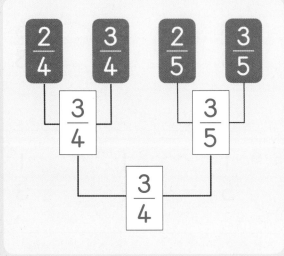

❶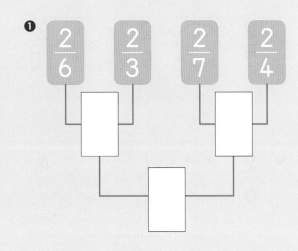

❷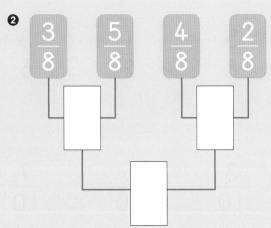

❸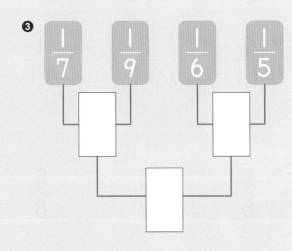

❹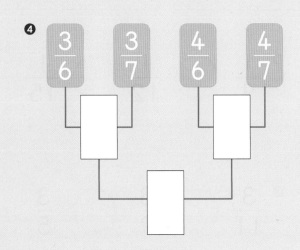

❺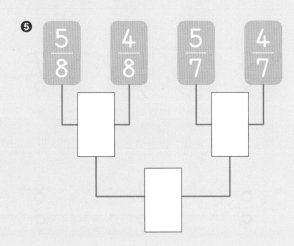

➕ 분수의 크기를 비교하여 가장 큰 수를 ◯ 에, 가장 작은 수를 ◇ 에 써넣으시오.

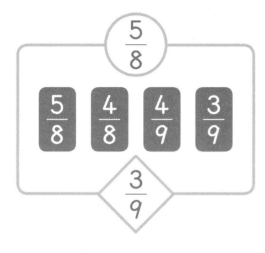

❶
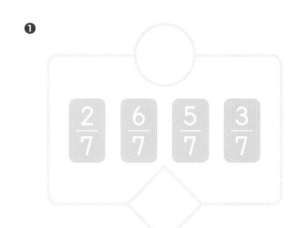

❷

❸
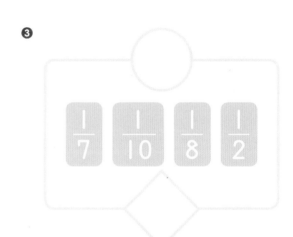

❹

❺
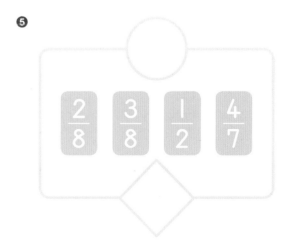

1 $\dfrac{1}{2}$ 보다 큰 수를 찾아 ○표 하시오.

$$\dfrac{5}{8} \qquad \dfrac{3}{9} \qquad \dfrac{4}{7} \qquad \dfrac{2}{6} \qquad \dfrac{3}{5}$$

2 ○ 안에 >, =, <를 알맞게 써넣으시오.

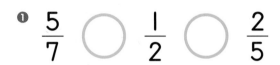

❶ $\dfrac{5}{7} \bigcirc \dfrac{1}{2} \bigcirc \dfrac{2}{5}$

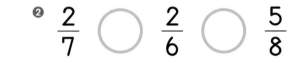

❷ $\dfrac{2}{7} \bigcirc \dfrac{2}{6} \bigcirc \dfrac{5}{8}$

3 작은 수부터 차례로 쓰시오.

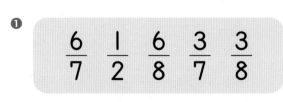

❶ $\dfrac{6}{7} \quad \dfrac{1}{2} \quad \dfrac{6}{8} \quad \dfrac{3}{7} \quad \dfrac{3}{8}$

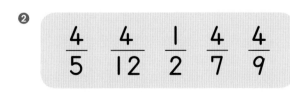

❷ $\dfrac{4}{5} \quad \dfrac{4}{12} \quad \dfrac{1}{2} \quad \dfrac{4}{7} \quad \dfrac{4}{9}$

5

조건과 분수

마일스톤

● 조건에 맞는 두 수에 ○표 하시오.

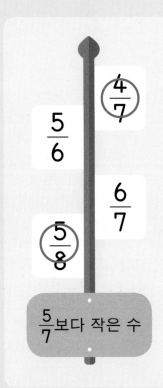

$\dfrac{5}{6}$　$\left(\dfrac{4}{7}\right)$
　　$\dfrac{6}{7}$
$\left(\dfrac{5}{8}\right)$

$\dfrac{5}{7}$보다 작은 수

❶
$\dfrac{1}{5}$
$\dfrac{1}{9}$
$\dfrac{1}{7}$
$\dfrac{1}{3}$

$\dfrac{1}{6}$보다 큰 수

❷
$\dfrac{3}{4}$
$\dfrac{4}{9}$
$\dfrac{4}{7}$
$\dfrac{2}{5}$

$\dfrac{1}{2}$보다 큰 수

❸
$\dfrac{3}{7}$
$\dfrac{3}{5}$
$\dfrac{3}{9}$
$\dfrac{3}{12}$

$\dfrac{3}{8}$보다 큰 수

❹
$\dfrac{2}{7}$
$\dfrac{4}{7}$
$\dfrac{5}{7}$
$\dfrac{1}{7}$

$\dfrac{3}{7}$보다 큰 수

❺
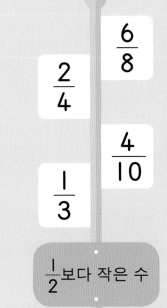
$\dfrac{6}{8}$
$\dfrac{2}{4}$
$\dfrac{4}{10}$
$\dfrac{1}{3}$

$\dfrac{1}{2}$보다 작은 수

❖ 빈칸에 들어갈 수 있는 세 수에 ◯표 하시오.

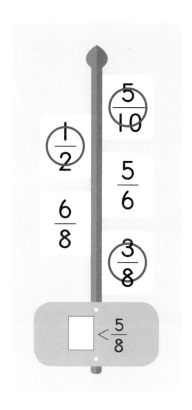

$\dfrac{1}{2}$ $\dfrac{5}{10}$ $\dfrac{5}{6}$ $\dfrac{6}{8}$ $\dfrac{3}{8}$

$\square < \dfrac{5}{8}$

❶
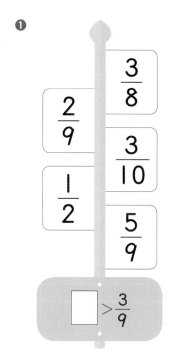

$\dfrac{2}{9}$ $\dfrac{3}{8}$ $\dfrac{1}{2}$ $\dfrac{3}{10}$ $\dfrac{5}{9}$

$\square > \dfrac{3}{9}$

❷
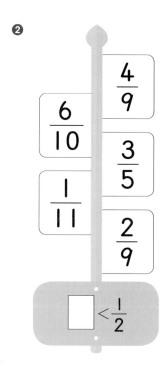

$\dfrac{6}{10}$ $\dfrac{4}{9}$ $\dfrac{1}{11}$ $\dfrac{3}{5}$ $\dfrac{2}{9}$

$\square < \dfrac{1}{2}$

❸

$\dfrac{5}{9}$ $\dfrac{1}{9}$ $\dfrac{4}{9}$ $\dfrac{1}{2}$ $\dfrac{2}{9}$

$\dfrac{3}{9} < \square < \dfrac{6}{9}$

❹

$\dfrac{3}{8}$ $\dfrac{3}{6}$ $\dfrac{1}{2}$ $\dfrac{3}{4}$ $\dfrac{3}{11}$

$\dfrac{3}{10} < \square < \dfrac{3}{5}$

❺
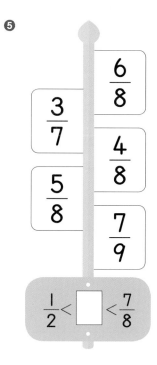

$\dfrac{3}{7}$ $\dfrac{6}{8}$ $\dfrac{5}{8}$ $\dfrac{4}{8}$ $\dfrac{7}{9}$

$\dfrac{1}{2} < \square < \dfrac{7}{8}$

수수께끼

● 분수를 보고 빈칸에 알맞은 수를 써넣고, 알맞은 말에 ◯표 하시오.

$\frac{3}{7}$

- 분모는 분자보다 (큽니다 , 작습니다).
- 분모와 분자의 차는 4 입니다.
- $\frac{1}{2}$보다 (큽니다 , 작습니다).

❶

$\frac{2}{9}$

- 분모는 분자보다 (큽니다 , 작습니다).
- 분모와 분자의 합은 ☐ 입니다.
- $\frac{3}{9}$보다 (큽니다 , 작습니다).

❷

$\frac{1}{6}$

- 분자는 ☐ 입니다.
- 분모는 1보다 (큽니다 , 작습니다).
- $\frac{1}{7}$보다 (큽니다 , 작습니다).

❸

$\frac{3}{4}$

- 분모에서 분자를 빼면 ☐ 입니다.
- 분모와 분자를 더하면 ☐ 입니다.
- $\frac{3}{5}$보다 (큽니다 , 작습니다).

➕ 조건을 모두 만족하는 분수를 빈칸에 써넣으시오.

$\dfrac{3}{5}$

- 분모와 분자를 더하면 **8**입니다.
- 분모가 분자보다 큽니다.
- $\dfrac{1}{2}$보다 큽니다.

❶

- 분모가 **7**입니다.
- 분모는 분자보다 큽니다.
- $\dfrac{5}{7}$보다 큽니다.

❷

- 분모와 분자의 차가 **3**입니다.
- 분모가 분자보다 큽니다.
- $\dfrac{1}{2}$과 크기가 같습니다.

❸

- 분자가 **1**입니다.
- 분모는 **1**보다 큽니다.
- $\dfrac{1}{3}$보다 큽니다.

❹

- 분모와 분자의 차가 **1**입니다.
- 분모가 분자보다 큽니다.
- 분모와 분자의 합이 **15**입니다.

❺

- 분모와 분자의 합이 **9**입니다.
- 분모가 분자보다 큽니다.
- $\dfrac{1}{2}$보다 큽니다.

563 조건과 분수

주어진 분수를 보고 빈칸에 알맞은 분수를 써넣으시오.

$\dfrac{3}{11}$ $\dfrac{6}{11}$ $\dfrac{7}{11}$ $\dfrac{8}{11}$ $\dfrac{5}{11}$

분모가 11인 분수입니다.

가장 큰 수는 $\dfrac{8}{11}$ 이고,

가장 작은 수는 $\dfrac{3}{11}$ 입니다.

❶ $\dfrac{2}{7}$ $\dfrac{2}{9}$ $\dfrac{2}{4}$ $\dfrac{2}{10}$ $\dfrac{2}{8}$

분자가 2인 분수입니다.

가장 큰 수는 ☐ 이고

가장 작은 수는 ☐ 입니다.

❷ $\dfrac{2}{10}$ $\dfrac{4}{8}$ $\dfrac{3}{9}$ $\dfrac{1}{11}$ $\dfrac{5}{7}$

분모와 분자의 합이 12인 분수입니다.

$\dfrac{1}{2}$ 과 같은 수는 ☐ 이고

$\dfrac{1}{2}$ 보다 큰 수는 ☐ 입니다.

❸ $\dfrac{1}{20}$ $\dfrac{1}{15}$ $\dfrac{1}{7}$ $\dfrac{1}{18}$ $\dfrac{1}{4}$

분자가 1인 분수입니다.

가장 큰 수는 ☐ 이고

가장 작은 수는 ☐ 입니다.

52

✦ 조건에 맞는 분수를 모두 쓰시오.

분모가 13인 분수 중 $\frac{5}{13}$보다 크고 $\frac{12}{13}$보다 작은 분수

$$\frac{6}{13} \qquad \frac{7}{13} \qquad \frac{8}{13} \qquad \frac{9}{13} \qquad \frac{10}{13} \qquad \frac{11}{13}$$

❶ 분자가 1인 분수 중 $\frac{1}{12}$보다 크고 $\frac{1}{5}$보다 작은 분수

❷ 분모가 12인 분수 중 $\frac{4}{12}$보다 작은 분수

❸ 분자와 분모의 합이 10인 분수 중 $\frac{1}{2}$보다 작은 분수

❹ 분자가 3인 분수 중 $\frac{3}{13}$보다 크고 $\frac{3}{7}$보다 작은 분수

조건과 개수

● 조건에 맞는 수에 모두 ○표 하고, 개수를 구하시오.

조건

- 분자는 2입니다.
- $\dfrac{2}{10}$보다 큰 분수입니다.
- 분모는 3보다 큽니다.

$\dfrac{1}{2}$ $\dfrac{1}{3}$ $\dfrac{2}{3}$ $\boxed{\dfrac{2}{4}}$ $\boxed{\dfrac{2}{5}}$ $\boxed{\dfrac{2}{6}}$

$\boxed{\dfrac{2}{7}}$ $\boxed{\dfrac{2}{8}}$ $\boxed{\dfrac{2}{9}}$ $\dfrac{2}{10}$ $\dfrac{2}{11}$ $\dfrac{2}{12}$

6 개

---

❶ **조건**

- 분모는 10입니다.
- 분자는 분모보다 작습니다.
- $\dfrac{1}{2}$보다 큰 분수입니다.

$\dfrac{1}{9}$ $\dfrac{2}{9}$ $\dfrac{1}{10}$ $\dfrac{2}{10}$ $\dfrac{3}{10}$ $\dfrac{4}{10}$

$\dfrac{5}{10}$ $\dfrac{6}{10}$ $\dfrac{7}{10}$ $\dfrac{8}{10}$ $\dfrac{9}{10}$ $\dfrac{9}{11}$

개

---

❷ **조건**

- 분자가 1보다 큽니다.
- 분모가 6보다 작습니다.
- 분모가 분자보다 큽니다.

$\dfrac{1}{2}$ $\dfrac{1}{3}$ $\dfrac{2}{3}$ $\dfrac{1}{4}$ $\dfrac{2}{4}$ $\dfrac{3}{4}$

$\dfrac{1}{5}$ $\dfrac{2}{5}$ $\dfrac{3}{5}$ $\dfrac{4}{5}$ $\dfrac{1}{6}$ $\dfrac{2}{6}$

개

---

❸ **조건**

- 분모와 분자의 차가 1입니다.
- 분모가 분자보다 큽니다.
- 분자는 8보다 작습니다.

$\dfrac{1}{2}$ $\dfrac{1}{3}$ $\dfrac{2}{3}$ $\dfrac{1}{4}$ $\dfrac{2}{4}$ $\dfrac{3}{4}$

$\dfrac{4}{5}$ $\dfrac{5}{6}$ $\dfrac{6}{7}$ $\dfrac{7}{8}$ $\dfrac{8}{9}$ $\dfrac{9}{10}$

개

✦ 조건에 알맞은 분수를 모두 쓰고, 개수를 구하시오.

조건

- 분자와 분모의 합이 10보다 작습니다.
- 분모가 분자보다 큽니다.
- $\dfrac{1}{2}$보다 작습니다.

$$\dfrac{1}{3} \quad \dfrac{1}{4} \quad \dfrac{1}{5} \quad \dfrac{2}{5} \quad \dfrac{1}{6}$$
$$\dfrac{2}{6} \quad \dfrac{1}{7} \quad \dfrac{2}{7} \quad \dfrac{1}{8}$$

9 개

❶ **조건**

- 분자는 1입니다.
- 분모는 1보다 큽니다.
- $\dfrac{1}{12}$보다 큽니다.

개

❷ **조건**

- 분모가 12입니다.
- 분자는 분모보다 작습니다.
- $\dfrac{3}{12}$보다 큽니다.

개

❸ **조건**

- 분모가 8보다 작습니다.
- 분모가 분자보다 큽니다.
- $\dfrac{1}{2}$보다 큽니다.

개

1 시윤이가 만든 수수께끼입니다. 수수께끼를 읽고 조건에 맞는 분수를 구하시오.

> • 분모가 분자보다 큽니다.
>
> • 분모와 분자의 합이 12입니다.
>
> • $\dfrac{1}{2}$보다 큽니다.

2 빈칸에 들어갈 수 있는 수를 모두 찾아 ○표 하시오.

$$\frac{7}{9} > \boxed{} > \frac{7}{16}$$

$$\frac{1}{2} \qquad \frac{7}{8} \qquad \frac{5}{16} \qquad \frac{8}{16} \qquad \frac{7}{15}$$

3 조건에 맞은 분수를 모두 쓰시오.

❶ 조건

• 분모가 분자보다 큽니다.

• 분모는 9입니다.

• $\dfrac{1}{2}$보다 작은 수입니다.

❷ 조건

• 분모와 분자의 합은 15입니다.

• $\dfrac{1}{2}$보다 큰 분수입니다.

• 분모가 분자보다 큽니다.

6

소수

분수와 소수

● 색칠한 부분의 크기를 분수와 소수로 나타내시오.

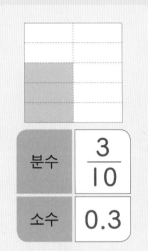

분수	$\dfrac{3}{10}$
소수	0.3

❶

분수	
소수	

❷

분수	
소수	

❸

분수	
소수	

❹

분수	
소수	

❺

분수	
소수	

❻
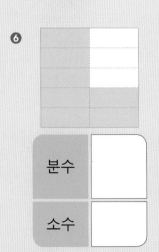

분수	
소수	

❼

분수	
소수	

❽

분수	
소수	

● 분수만큼 색칠하고 소수로 나타내시오.

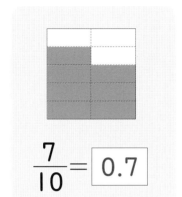

$$\frac{7}{10} = \boxed{0.7}$$

❶

$$\frac{5}{10} = \boxed{}$$

❷

$$\frac{8}{10} = \boxed{}$$

❸

$$\frac{3}{10} = \boxed{}$$

❹

$$\frac{1}{10} = \boxed{}$$

❺

$$\frac{6}{10} = \boxed{}$$

❻

$$\frac{9}{10} = \boxed{}$$

❼

$$\frac{4}{10} = \boxed{}$$

❽

$$\frac{2}{10} = \boxed{}$$

소수로 나타내기

● 그림을 보고 소수로 나타내시오.

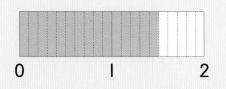

$\boxed{1.5}$

❶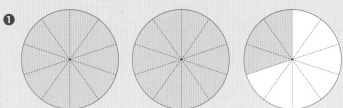

$\boxed{}$

❷

$\boxed{}$

❸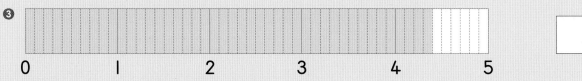

$\boxed{}$

❹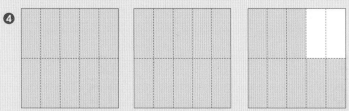

$\boxed{}$

◈ 분수만큼 색칠하고 소수로 나타내시오.

2와 $\dfrac{4}{10}$

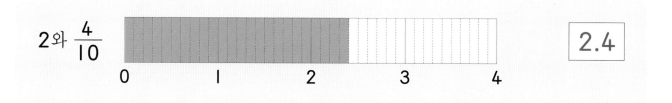

2.4

❶ 3과 $\dfrac{2}{10}$

❷ 1과 $\dfrac{6}{10}$

❸ 3과 $\dfrac{7}{10}$

❹ 2와 $\dfrac{9}{10}$

선긋기

● 관계있는 것끼리 선으로 이으시오.

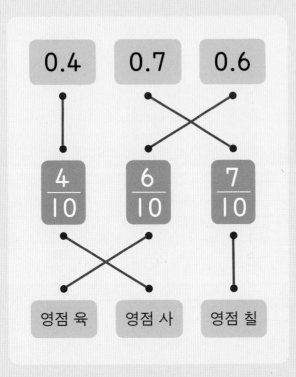

❶
0.5	0.1	0.9
$\frac{5}{10}$	$\frac{9}{10}$	$\frac{1}{10}$
영점 구	영점 오	영점 일

❷
0.8	0.6	0.2
$\frac{2}{10}$	$\frac{6}{10}$	$\frac{8}{10}$
영점 이	영점 팔	영점 육

❸
0.7	0.3	0.4
$\frac{3}{10}$	$\frac{7}{10}$	$\frac{4}{10}$
영점 사	영점 삼	영점 칠

✪ 관계있는 것을 찾아 선을 그으시오.

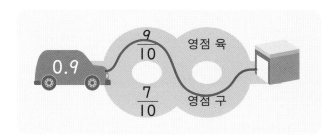

①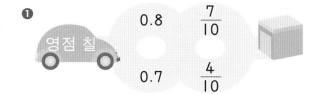

②

③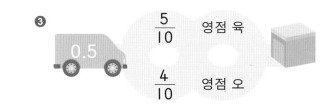

④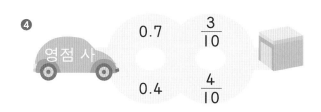

⑤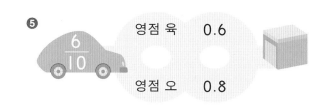

⑥

⑦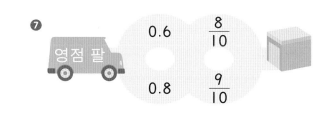

⑧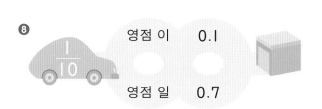

⑨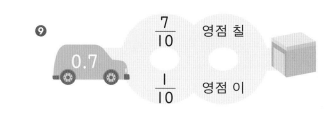

568   색 테이프

● 길이를 구하시오.

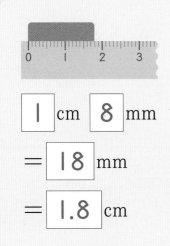

$\boxed{1}$ cm $\boxed{8}$ mm

= $\boxed{18}$ mm

= $\boxed{1.8}$ cm

❶

$\boxed{}$ cm $\boxed{}$ mm

= $\boxed{}$ mm

= $\boxed{}$ cm

❷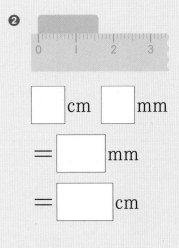

$\boxed{}$ cm $\boxed{}$ mm

= $\boxed{}$ mm

= $\boxed{}$ cm

❸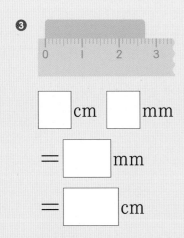

$\boxed{}$ cm $\boxed{}$ mm

= $\boxed{}$ mm

= $\boxed{}$ cm

❹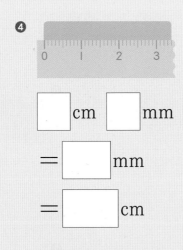

$\boxed{}$ cm $\boxed{}$ mm

= $\boxed{}$ mm

= $\boxed{}$ cm

❺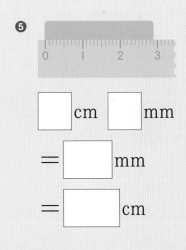

$\boxed{}$ cm $\boxed{}$ mm

= $\boxed{}$ mm

= $\boxed{}$ cm

❻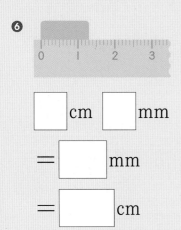

$\boxed{}$ cm $\boxed{}$ mm

= $\boxed{}$ mm

= $\boxed{}$ cm

❼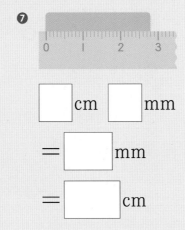

$\boxed{}$ cm $\boxed{}$ mm

= $\boxed{}$ mm

= $\boxed{}$ cm

❽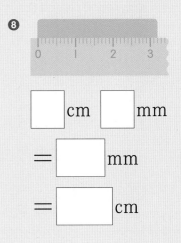

$\boxed{}$ cm $\boxed{}$ mm

= $\boxed{}$ mm

= $\boxed{}$ cm

❖ □ 안에 알맞은 수를 써넣으시오.

5cm 3mm

= 53 mm

= 5.3 cm

❶ 3cm 7mm

= ☐ mm

= ☐ cm

❷ 8cm 9mm

= ☐ mm

= ☐ cm

❸ 36mm

= ☐ cm ☐ mm

= ☐ cm

❹ 21mm

= ☐ cm ☐ mm

= ☐ cm

❺ 45mm

= ☐ cm ☐ mm

= ☐ cm

❻ 5.4cm

= ☐ cm ☐ mm

= ☐ mm

❼ 8.3cm

= ☐ cm ☐ mm

= ☐ mm

❽ 6.5cm

= ☐ cm ☐ mm

= ☐ mm

❾ 72mm

= ☐ cm ☐ mm

= ☐ cm

❿ 58mm

= ☐ cm ☐ mm

= ☐ cm

⓫ 97mm

= ☐ cm ☐ mm

= ☐ cm

잘 공부했는지 알아봅시다

1 소수만큼 색칠하시오.

❶ 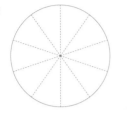   0.8

❷    0.3

2 그림을 보고 소수로 나타내시오.

❶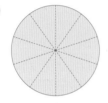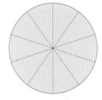

❷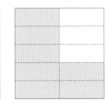

3 관계있는 것끼리 선으로 이으시오.

86mm	64mm	91mm	37mm

3cm 7mm	9cm 1mm	8cm 6mm	6cm 4mm

6.4cm	8.6cm	3.7cm	9.1cm

소수의 크기 비교

순소수의 크기 비교

● 소수만큼 색칠하고 ◯ 안에 >, =, <를 알맞게 써넣으시오.

0.5 < 0.7

❶
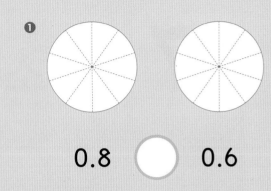

0.8 ◯ 0.6

❷
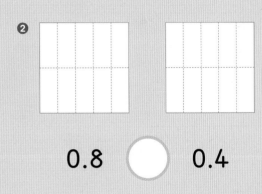

0.8 ◯ 0.4

❸
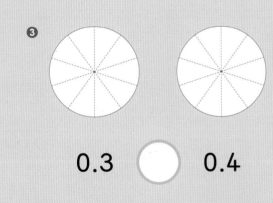

0.3 ◯ 0.4

❹
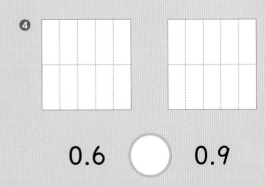

0.6 ◯ 0.9

❺
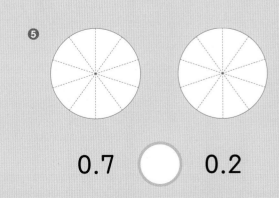

0.7 ◯ 0.2

✚ 두 수의 크기를 비교하여 ○ 안에 >, =, <를 알맞게 써넣으시오.

0.4 ⟨$<$⟩ 0.1이 **7**개인 수

❶ 0.1이 **5**개인 수 ◯ $\frac{1}{10}$이 **5**개인 수

❷ 0.3 ◯ $\frac{1}{10}$이 **3**개인 수

❸ $\frac{1}{10}$이 **4**개인 수 ◯ 0.1이 **5**개인 수

❹ 0.6 ◯ 0.1이 **4**개인 수

❺ $\frac{1}{10}$이 **7**개인 수 ◯ 0.1이 **6**개인 수

❻ 0.8 ◯ $\frac{1}{10}$이 **5**개인 수

❼ 0.1이 **2**개인 수 ◯ 0.1이 **8**개인 수

❽ 0.8 ◯ 0.1이 **9**개인 수

❾ 0.1이 **3**개인 수 ◯ $\frac{1}{10}$이 **6**개인 수

❿ 0.9 ◯ 0.1이 **8**개인 수

⓫ 0.1이 **7**개인 수 ◯ $\frac{1}{10}$이 **7**개인 수

⓬ 0.2 ◯ 0.1이 **2**개인 수

⓭ 0.1이 **1**개인 수 ◯ $\frac{1}{10}$이 **4**개인 수

⓮ 0.3 ◯ $\frac{1}{10}$이 **6**개인 수

⓯ $\frac{1}{10}$이 **9**개인 수 ◯ 0.1이 **8**개인 수

대소수의 크기 비교

● 소수만큼 색칠하고, ○ 안에 >, =, <를 알맞게 써넣으시오.

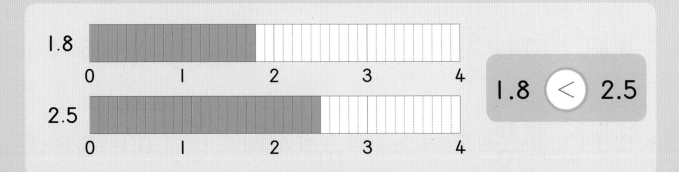

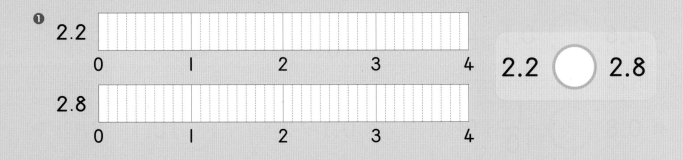

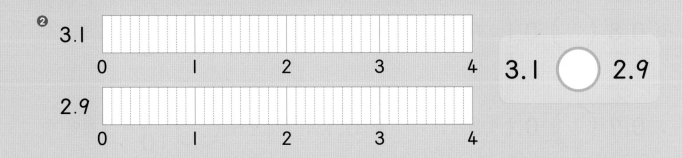

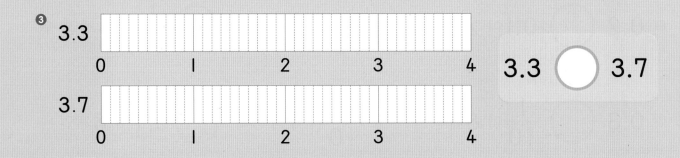

✦ 두 수의 크기를 비교하여 ◯ 안에 >, =, <를 알맞게 써넣으시오.

3.9 ⊘ $>$ ⊘ 3과 $\dfrac{2}{10}$

❶ 3.5 ◯ 0.1이 27개인 수

❷ 7.5 ◯ 7과 $\dfrac{8}{10}$

❸ 6.3 ◯ 6과 0.3만큼의 수

❹ 5.2 ◯ 5와 $\dfrac{4}{10}$

❺ 8.4 ◯ 0.1이 81개인 수

❻ 4.3 ◯ 4와 $\dfrac{6}{10}$

❼ 9.5 ◯ 0.1이 96개인 수

❽ 6과 $\dfrac{8}{10}$ ◯ 4와 0.7만큼의 수

❾ 0.1이 73개인 수 ◯ 0.1이 89개인 수

❿ 4와 0.3만큼의 수 ◯ $\dfrac{1}{10}$이 37개인 수

⓫ 0.1이 31개인 수 ◯ $\dfrac{1}{10}$이 46개인 수

⓬ 9와 0.3만큼의 수 ◯ $\dfrac{1}{10}$이 78개인 수

● 가장 큰 수에 ◯표, 가장 작은 수에 △표 하시오.

0.3 △0.1 ◯0.6

1 0.6 0.8 0.5

2 2.7 3.3 2.9

3 2.4 2.1 1.9

4 0.9 1.8 2.2

5 4.8 8.7 5.6

6 1.2 0.5 0.9

7 6.8 5.7 6.5

8 0.7 1.2 3.2

9 8.2 6.9 2.8

10 5.3 9.1 4.6

11 7.3 5.9 7.4

● 작은 수부터 차례로 쓰시오.

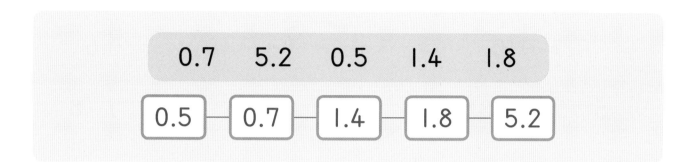

❶

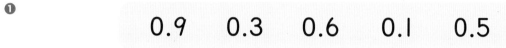

0.9   0.3   0.6   0.1   0.5

◻—◻—◻—◻—◻

❷

3.4   2.7   1.5   2.3   2.8

◻—◻—◻—◻—◻

❸

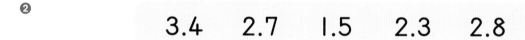

5.7   4.2   6.8   3.9   2.2

◻—◻—◻—◻—◻

❹

3.1   2.7   0.8   9.3   1.7

◻—◻—◻—◻—◻

572 네모 대소

● □ 안에 들어갈 수 있는 수를 모두 찾아 ○표 하시오.

$$0.7 < 0.\boxed{}$$

5 6 7 ⑧ ⑨

① $0.\boxed{} > 0.6$

4 5 6 7 8

② $4.5 > \boxed{}.3$

2 3 4 5 6

③ $5.\boxed{} < 5.7$

5 6 7 8 9

④ $7.5 < \boxed{}.2$

5 6 7 8 9

⑤ $9.\boxed{} > 9.4$

2 3 4 5 6

⑥ $6.5 > 6.\boxed{}$

2 3 4 5 6

⑦ $\boxed{}.7 < 4.6$

1 2 3 4 5

74

◆ □ 안에 들어갈 수 있는 수를 모두 찾아 ○표 하시오.

1.2 < 1.□ < 1.5

1   2   ③   ④   5

● 0.6 > 0.□ > 0.3

2   3   4   5   6

❷ 3.7 > 3.□ > 3.4

3   4   5   6   7

❸ 1.7 < □.6 < 5.5

1   2   3   4   5

❹ 6.3 > □.3 > 3.1

2   3   4   5   6

❺ 6.9 < 7.□ < 7.4

1   2   3   4   5

❻ 0.4 < 0.□ < 0.7

3   4   5   6   7

❼ 2.8 < 3.□ < 3.3

1   2   3   4   5

잘 공부했는지 알아봅시다

1 소수만큼 색칠하고, ○ 안에 ＞, ＝, ＜를 알맞게 써넣으시오.

2.7

0   I   2   3   4

3.3

0   I   2   3   4

2.7 ◯ 3.3

2 가장 큰 수에 ◯표, 가장 작은 수에 △표 하시오.

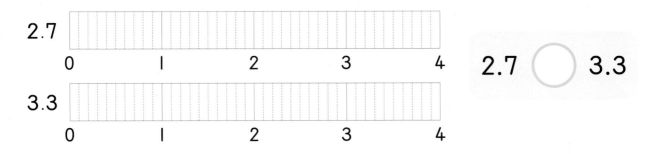

0.1이 37개인 수   6과 $\frac{3}{10}$ 5.7

$\frac{1}{10}$이 65개인 수   4와 0.2만큼의 수   5와 $\frac{1}{10}$

3 0.8보다 큰 수를 찾아 모두 쓰시오.

2.4 $\frac{4}{10}$ 0.6 $\frac{9}{10}$ 3.7

4 □ 안에 들어갈 수 있는 수를 모두 찾아 ◯표 하시오.

❶ 5.7 ＜ □.6 ＜ 9.1   ❷ 6.4 ＜ □.8 ＜ 8.9

4 5 6 7 8 9   3 4 5 6 7 8

8

문해결 소수

소수 계단

● 숫자 카드를 두 장씩 사용하여 만든 소수 한 자리 수를 작은 수부터 밑에서부터 쓰시오.

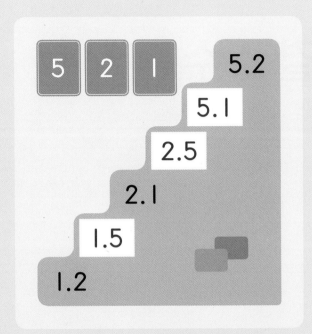

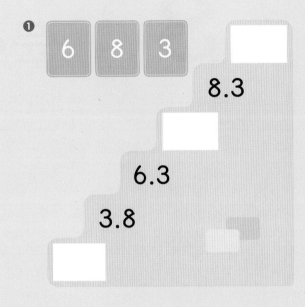

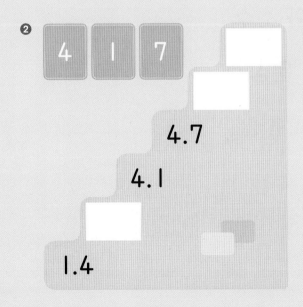

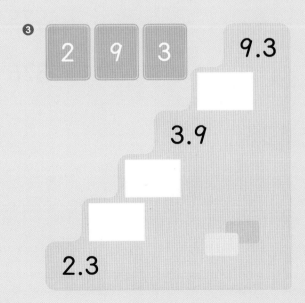

✚ 숫자 카드를 두 장씩 사용하여 만든 소수 한 자리 수를 작은 수부터 밑에서부터 쓰시오.

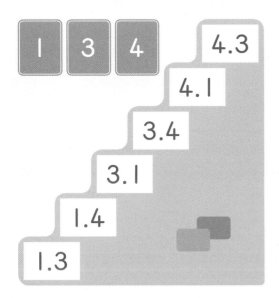

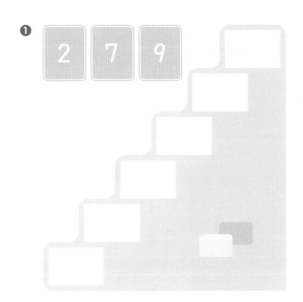

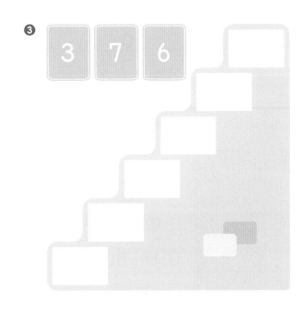

574 조건과 소수

● 소수를 보고 맞으면 ○표, 틀리면 ✕표 하시오.

0.7

0.1과 0.8 사이의 수입니다. (○)

$\dfrac{5}{10}$보다 작은 수입니다. (✕)

0.1이 6개인 수보다 큰 수입니다. (○)

❶ 0.2

0.1이 4개인 수보다 작은 수입니다. ( )

0.1과 0.9 사이의 수입니다. ( )

$\dfrac{1}{10}$이 3개인 수보다 큰 수입니다. ( )

❷ 3.6

$\dfrac{1}{10}$이 40개인 수보다 작은 수입니다. ( )

3과 $\dfrac{5}{10}$인 수보다 작은 수입니다. ( )

3과 0.6 만큼의 수입니다. ( )

❸ 8.1

8과 $\dfrac{2}{10}$인 수보다 큰 수입니다. ( )

7.9와 8.5 사이의 수입니다. ( )

0.1이 80개인 수보다 큰 수입니다. ( )

✜ 주어진 조건에 맞는 소수 한 자리 수를 빈칸에 써넣으시오.

조건
- 0.1과 0.5 사이의 수입니다.
- 0.1이 3개인 수보다 큰 수입니다.

$$0.4$$

❶ 조건
- $\dfrac{1}{10}$이 17개인 수보다 큰 수입니다.
- 1.9보다 작은 수입니다.

❷ 조건
- 5와 $\dfrac{8}{10}$인 수보다 작은 수입니다.
- 0.1이 56개인 수와 0.1이 59개인 수 사이의 수입니다.

❸ 조건
- 2.5와 2.8 사이의 수입니다.
- 2와 0.6만큼의 수와 $\dfrac{1}{10}$이 29개인 수 사이의 수입니다.

❹ 조건
- $\dfrac{1}{10}$이 31개인 수와 $\dfrac{1}{10}$이 34개인 수 사이의 수입니다.
- 0.1이 33개인 수보다 작은 수입니다.

❺ 조건
- 8과 0.1만큼의 수보다 큰 수입니다.
- 7과 $\dfrac{8}{10}$인 수와 8.3 사이의 수입니다.

길이와 소수

◑ 길이에 맞게 빈칸에 알맞게 써넣으시오.

	0.7cm
	1.4cm
	1.6cm
	2.1cm

1.4cm	1.6cm
0.7cm	2.1cm

❶

1.7cm	2.4cm
0.9cm	1.5cm

❷

2.6cm	0.8cm
3.1cm	1.4cm

❸

1.3cm	0.6cm
3.3cm	2.8cm

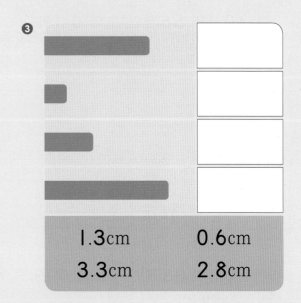

✛ 길이에 맞게 빈칸에 알맞게 써넣으시오.

	14mm
	9mm
	1cm 6mm
	1.8cm

1cm 6mm	1.8cm
9mm	14mm

❶

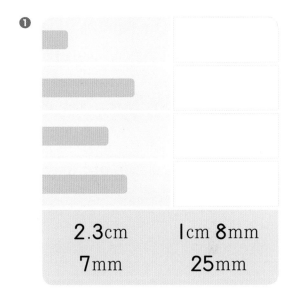

2.3cm	1cm 8mm
7mm	25mm

❷

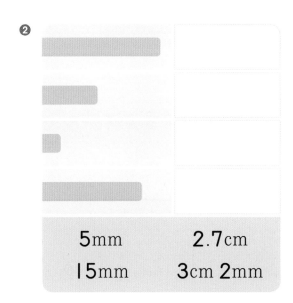

5mm	2.7cm
15mm	3cm 2mm

❸

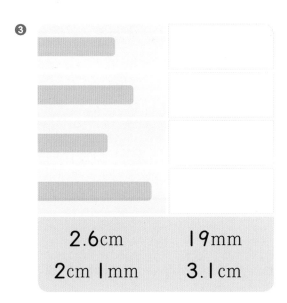

2.6cm	19mm
2cm 1mm	3.1cm

한 식 문장제

◑ 문제를 읽고 답을 쓰시오.

민국이의 **50m** 달리기 기록은 **9.2**초이고, 현우의 기록은 **8.8**초입니다. 더 빨리 달린 사람은 누구입니까?

현우

❶ 고양이의 무게는 I.9kg이고, 강아지의 무게는 **2.2**kg입니다. 더 가벼운 동물은 무엇입니까?

❷ 지현이는 우유를 **0.4**L, 은희는 **0.7**L 마셨습니다. 우유를 더 많이 마신 사람은 누구입니까?

❸ 어버이날 선물을 포장하기 위하여 민정이는 **9.2**cm, 민정이의 오빠는 **8**cm **7**mm의 리본을 사용했습니다. 누가 리본을 더 많이 사용했습니까?

❹ 민희와 정우는 동시에 숙제를 시작했습니다. 숙제를 끝마치는데 민희는 **2.3**시간, 정우는 I.9시간이 걸렸습니다. 숙제를 더 빨리 끝낸 사람은 누구입니까?

➕ 문제를 읽고 답을 쓰시오.

영희의 책가방의 무게는 1.2kg, 민지의 책가방의 무게는 0.9kg, 시윤이의 책
가방의 무게는 1.3kg입니다. 누구의 책가방이 가장 가볍습니까?

민지

❶ 혜윤, 지훈, 은주의 키를 1년마다 기록하고 있습니다. 작년보다 혜윤이는 21mm,
지훈이는 2.8cm, 은주는 2cm 5mm 자랐습니다. 키가 가장 많이 자란 사람
은 누구입니까?

❷ 설악산의 높이는 1.7km, 한라산은 1.9km, 백두산은 2.7km입니다. 높이가
가장 낮은 산은 어느 산입니까?

❸ 어느 해 12월에 내린 눈의 양을 기록한 것입니다. 12월 2일 15mm, 12월
17일 3cm 1mm, 12월 22일 2.7cm가 내렸습니다. 눈이 가장 많이 내린 날
은 12월 며칠입니까?

❹ 미술 시간에 상석이네 반 친구들은 찰흙으로 여러 가지 동물을 만들었습니다.
사용한 찰흙의 양은 상석이가 2.2kg, 성준이는 1.5kg, 세환이는 2.9kg입니
다. 찰흙을 가장 적게 사용한 사람은 누구입니까?

잘 공부했는지 알아봅시다

1 조건에 맞는 소수 한 자리 수를 ☐ 안에 써넣으시오.

> • 6.5와 7.3 사이의 수입니다.
>
> • 6과 $\dfrac{8}{10}$보다 크고 7과 $\dfrac{3}{10}$보다 작은 수 입니다.
>
> • $\dfrac{1}{10}$이 7l개인 수보다 큰 수입니다.

2 석우, 은영이, 은주는 과수원에서 귤을 땄습니다. 석우는 **6.4**kg, 은영이는 **5.7**kg, 은주는 **7.l**kg의 귤을 땄다면, 귤을 가장 많인 딴 사람은 누구입니까?

3 미술 시간에 사용한 종이테이프의 길이입니다. 종이테이프를 가장 많이 사용한 사람은 누구입니까?

> 영지 : **5.2**cm   현민 : **63**mm
>
> 은철 : **3**cm **8**mm   민우 : **5.9**cm

4 지원이는 생일에 친구들과 케이크를 먹었습니다. 지원이가 케이크의 $\dfrac{1}{10}$만큼, 영아가 **0.2**만큼, 민석이가 $\dfrac{4}{10}$만큼, 태현이가 **0.3**만큼 먹었습니다. 케이크를 많이 먹은 사람부터 순서대로 쓰시오.

MEMO

상위권수학

정답 및 해설
Guide Book

초등3 2호
분수와 소수의 기초

NE 능률

545 똑같이 둘로 나누기

● 똑같이 둘로 나누어진 것에 ○표 하시오.

도형을 똑같이 나눌 때에
는, 도형에서 나누어진
부분들의 크기와 모양이
똑같은 것으로 부분들을
겹쳐보았을 때, 완전히
포개어져야 합니다.

● 주어진 점에서 시작하여 똑같이 둘로 나누어 보시오.

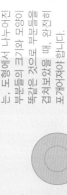

 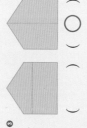

 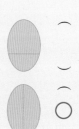

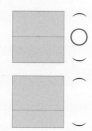 

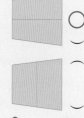

① 주차

546 똑같이 나누기

● 똑같이 ▦ 안의 수로 나누어진 것에 ✓표 하시오.

● 점을 이어 ● 안의 수만큼 똑같이 나누어 보시오.

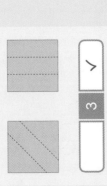

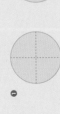

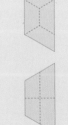   

547 색칠한 부분

● 알맞게 색칠하시오.

전체를 똑같이 6으로
나눈 것 중의 4

①

전체를 똑같이 9로
나눈 것 중의 3

②

전체를 똑같이 8로
나눈 것 중의 3

③

전체를 똑같이 9로
나눈 것 중의 3

④

전체를 똑같이 6으로
나눈 것 중의 5

⑤

전체를 똑같이 5로
나눈 것 중의 2

⑥

전체를 똑같이 8로
나눈 것 중의 5

⑦

전체를 똑같이 4로
나눈 것 중의 3

⑧

전체를 똑같이 5로
나눈 것 중의 1

전체를 똑같이 7로
나눈 것 중의 4

색칠한 칸의 수가 같으면
색칠한 칸의 위치가 달라
도 정답입니다.

● 그림을 보고 빈칸에 알맞은 수를 써넣으시오.

①

색칠된 부분은 전체를 똑같이
[8]로 나눈 것 중의 [4] 입
니다.

②
색칠된 부분은 전체를 똑같이
[6]으로 나눈 것 중의 [4] 입
니다.

③

색칠된 부분은 전체를 똑같이
[9]로 나눈 것 중의 [5] 입
니다.

④
색칠된 부분은 전체를 똑같이
[10]으로 나눈 것 중의 [5]
입니다.

⑤
색칠된 부분은 전체를 똑같이
[9]로 나눈 것 중의 [7] 입
니다.

⑥
색칠된 부분은 전체를 똑같이
[9]로 나눈 것 중의 [3] 입
니다.

1 주차

548 전체와 부분

● 그림을 보고 빈칸에 알맞은 수를 써넣으시오.

부분 은 전체 를 똑같이 4 로 나눈 것 중의 2 입니다.

① 부분 은 전체 를 똑같이 3 으로 나눈 것 중의 2 입니다.

② 부분 은 전체 를 똑같이 9 로 나눈 것 중의 4 입니다.

③ 부분 은 전체 를 똑같이 9 로 나눈 것 중의 6 입니다.

④ 부분 은 전체 를 똑같이 5 로 나눈 것 중의 3 입니다.

● 전체를 똑같이 나누고 색칠하시오.

전체를 똑같이 3으로 나눈 것 중의 2

① 전체를 똑같이 3으로 나눈 것 중의 1

② 전체를 똑같이 4로 나눈 것 중의 3

③ 전체를 똑같이 5로 나눈 것 중의 3

④ 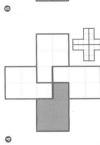 전체를 똑같이 4로 나눈 것 중의 1

⑤ 전체를 똑같이 10으로 나눈 것 중의 7

⑥  전체를 똑같이 4로 나눈 것 중의 2

⑦ 전체를 똑같이 3으로 나눈 것 중의 2

⑧ 전체를 똑같이 6으로 나눈 것 중의 5

예시 답안 이외에도 도형을 전체의 수에 맞게 모양과 크기가 같도록 나누었다면 정답입니다.

잘 공부했는지 알아봅시다

1 그림을 보고 빈칸에 알맞은 수를 써넣으시오.

❶

색칠한 부분은 전체를 똑같이 5 로 나눈 것 중의 2 입니다.

❷

색칠한 부분은 전체를 똑같이 8 로 나눈 것 중의 3 입니다.

2 전체를 똑같이 5로 나눈 것 중의 3을 색칠한 것과 전체를 똑같이 3으로 나눈 것 중의 3을 색칠한 것이 모두 ○표 하시오.

  (○)

  ( )

  (○)

3 전체를 똑같이 나누고 색칠하시오.

❶

전체를 똑같이 4로 나눈 것 중의 2

❷

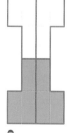

전체를 똑같이 4로 나눈 것 중의 3

1 주차

② 주차

분수 읽기

549

● 관계 있는 것끼리 선으로 이으시오.

①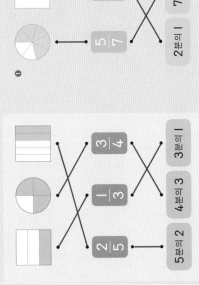

4/9 · 9분의4
1/2 · 7분의5
5/7 · 2분의1

② 3/4 · 3분의1
1/3 · 4분의3
2/5 · 5분의2

③ 2/6 · 3분의1
1/3 · 6분의2
3/4 · 4분의3

④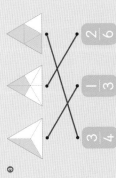

3/5 · 8분의3
5/6 · 5분의3
3/8 · 6분의5

전체를 똑같이 ■로 나눈
것 중의 ▲를 ▲/■라 쓰고
■분의 ▲라고 읽습니다.
▲/■와 같은 수를 분수라
하고, 아래쪽에 있는 수
를 분모, 위쪽에 있는 수
를 분자라고 합니다.

▲/■ ←분자
      ←분모

● 빈칸에 알맞은 수를 써넣고 관계 있는 것끼리 선으로 이으시오.

①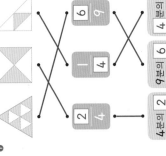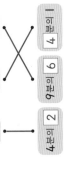

6/9 · 4분의1
1/4 · 9분의6
2/4 · 4분의2

② 1/5 · 5분의1
6/7 · 7분의6
4/9 · 9분의4

③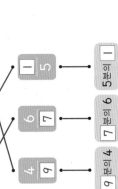

4/8 · 3분의2
3/5 · 8분의4
2/3 · 5분의3

⊕ 5/8 · 6분의1
1/6 · 5분의3
3/5 · 8분의5

550 분수로 나타내기

● 전체에 대하여 색칠된 부분의 크기를 분수로 나타내시오.

색칠한 부분의 수 → $\frac{6}{8}$ ← 전체를 똑같이 나눈 수

① $\frac{3}{5}$

② $\frac{3}{7}$

③ $\frac{3}{8}$

④ $\frac{4}{6}$

⑤ $\frac{5}{9}$

⑥ $\frac{4}{9}$

⑦ $\frac{3}{8}$

⑧ $\frac{2}{7}$

⑩ $\frac{3}{5}$

● 주어진 분수만큼 색칠하시오.

$\frac{5}{7}$

$\frac{1}{6}$

월 일

● 분수를 바르게 나타낸 것에 ○표, 잘못 나타낸 것에 ✗표 하시오.

$\frac{1}{3}$ (✗)

① $\frac{3}{6}$ (○)

② $\frac{2}{3}$ (✗)

③ $\frac{2}{6}$ (✗)

④ $\frac{4}{6}$ (✗)

⑤ $\frac{5}{9}$ (○)

⑥ $\frac{3}{4}$ (○)

⑦ $\frac{5}{10}$ (○)

⑧ $\frac{2}{3}$ (✗)

⑨ $\frac{4}{6}$ (✗)

⑩ $\frac{3}{5}$ (○)

⑪ $\frac{2}{3}$ (✗)

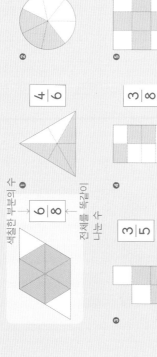

주차 ②

551 단위분수의 개수

2 주차

● 분수만큼 색칠하고, 빈칸에 알맞은 수를 써넣으시오.

$\frac{4}{5}$ 는 $\frac{1}{5}$ 이 [4] 개입니다.

$\frac{1}{5}$ 이 4개이면 $\boxed{\frac{4}{5}}$ 입니다.

$\frac{5}{6}$ 는 $\frac{1}{6}$ 이 [5] 개입니다.

$\frac{1}{6}$ 이 5개이면 $\boxed{\frac{5}{6}}$ 입니다.

$\frac{3}{4}$ 은 $\frac{1}{4}$ 이 [3] 개입니다.

$\frac{1}{4}$ 이 3개이면 $\boxed{\frac{3}{4}}$ 입니다.

$\frac{4}{7}$ 는 $\frac{1}{7}$ 이 [4] 개입니다.

$\frac{1}{7}$ 이 4개이면 $\boxed{\frac{4}{7}}$ 입니다.

월 일

❖ 빈칸에 알맞은 수를 써넣으시오.

$\frac{▲}{■}$ 는 $\frac{1}{■}$ 이 ▲개입니다.

$\frac{3}{6}$ 은 $\frac{1}{6}$ 의 $\boxed{3}$ 배이므로 $\frac{3}{6}$ 은 $\frac{1}{6}$ 이 $\boxed{3}$ 개입니다.

① $\frac{2}{5}$ 는 $\frac{1}{5}$ 의 $\boxed{2}$ 배이므로 $\frac{2}{5}$ 는 $\frac{1}{5}$ 이 $\boxed{2}$ 개입니다.

② $\frac{5}{7}$ 는 $\frac{1}{7}$ 의 $\boxed{5}$ 배이므로 $\frac{5}{7}$ 는 $\frac{1}{7}$ 이 $\boxed{5}$ 개입니다.

③ $\frac{3}{8}$ 은 $\frac{1}{8}$ 이 $\boxed{3}$ 개입니다.

⑤ $\frac{8}{9}$ 은 $\frac{1}{9}$ 이 $\boxed{8}$ 개입니다.

④ $\frac{1}{5}$ 이 3개이면 $\boxed{3}\dfrac{3}{5}$ 입니다.

⑥ $\frac{1}{9}$ 이 7개이면 $\dfrac{7}{9}$ 입니다.

⑦ $\boxed{5}{6}$ 는 $\frac{1}{6}$ 이 5개입니다.

⑧ $\dfrac{1}{3}$ 이 2개이면 $\dfrac{2}{3}$ 입니다.

⑨ $\frac{6}{7}$ 은 $\frac{1}{7}$ 이 6개입니다.

⑩ $\dfrac{1}{9}$ 이 7개이면 $\dfrac{7}{9}$ 입니다.

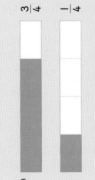
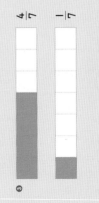

552 남은 피자

먹은 피자만큼 색칠하고, 남은 피자의 양을 분수로 나타내시오.

8조각 중 3조각을 먹고 5조각이 남았으므로 남은 피자는 $\frac{5}{8}$ 입니다.

먹은 피자 $\frac{3}{8}$ / 남은 피자 $\frac{5}{8}$

① 먹은 피자 $\frac{1}{6}$ / 남은 피자 $\frac{5}{6}$

② 먹은 피자 $\frac{1}{4}$ / 남은 피자 $\frac{3}{4}$

③ 먹은 피자 $\frac{2}{5}$ / 남은 피자 $\frac{3}{5}$

④ 먹은 피자 $\frac{4}{7}$ / 남은 피자 $\frac{3}{7}$

⑤ 먹은 피자 $\frac{2}{8}$ / 남은 피자 $\frac{6}{8}$

⑥ 먹은 피자 $\frac{5}{6}$ / 남은 피자 $\frac{1}{6}$

⑦ 먹은 피자 $\frac{6}{9}$ / 남은 피자 $\frac{3}{9}$

먹은 피자와 남은 피자 ● 피자를 두 번 먹었습니다. 먹은 피자를 두 가지 색으로 색칠하고 남은 피자의 양을 분수로 나타내시오.

먹은 피자의 양을 나타내는 분수의 분자끼리의 합은 분모와 같습니다.

먹은 피자 : → ▲ ■
남은 피자 : → ▲ + ● ●

① 먹은 피자 $\frac{1}{5}$, $\frac{2}{5}$ / 남은 피자 $\frac{2}{5}$

② 먹은 피자 $\frac{2}{8}$, $\frac{3}{8}$ / 남은 피자 $\frac{3}{8}$

③ 먹은 피자 $\frac{1}{6}$, $\frac{3}{6}$ / 남은 피자 $\frac{2}{6}$

④ 먹은 피자 $\frac{1}{3}$, $\frac{1}{3}$ / 남은 피자 $\frac{1}{3}$

⑤ 먹은 피자 $\frac{2}{9}$, $\frac{3}{9}$ / 남은 피자 $\frac{4}{9}$

⑥ 먹은 피자 $\frac{2}{7}$, $\frac{4}{7}$ / 남은 피자 $\frac{1}{7}$

⑦ 먹은 피자 $\frac{1}{8}$, $\frac{5}{8}$ / 남은 피자 $\frac{2}{8}$

⑧ 먹은 피자 $\frac{4}{9}$, $\frac{2}{9}$ / 남은 피자 $\frac{3}{9}$

월 일

P. 26

② 주차

잘 공부했는지 알아봅시다

월 일

1 색칠한 부분이 나타내는 분수가 다른 하나를 찾아 ○표 하시오.

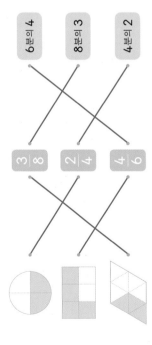

$\frac{3}{4}$ $\frac{2}{4}$ $\frac{2}{4}$ $\frac{2}{4}$

2 관계 있는 것끼리 선으로 이으시오.

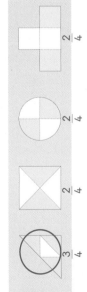

$\frac{3}{8}$ $\frac{2}{4}$ $\frac{4}{6}$

6분의 4

8분의 3

4분의 2

3 종이에 두 가지 색으로 색칠을 하였습니다. 빈칸에 알맞은 수를 써넣으시오.

❶

빨간색 : $\frac{3}{8}$, 과란색 : $\frac{1}{8}$

색칠하지 않은 부분 : $\frac{4}{8}$

❷
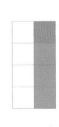

빨간색 : $\frac{7}{16}$, 과란색 : $\frac{5}{16}$

색칠하지 않은 부분 : $\frac{4}{16}$

553 분모가 같은 분수의 크기 비교

● 분수만큼 색칠하고, ◯안에 >, =, <를 알맞게 써넣으시오.

$\dfrac{4}{8}$ ◯< $\dfrac{5}{8}$

$\dfrac{5}{6}$ ◯> $\dfrac{3}{6}$

$\dfrac{2}{7}$ ◯< $\dfrac{3}{7}$

$\dfrac{7}{10}$ ◯> $\dfrac{5}{10}$

$\dfrac{4}{5}$ ◯> $\dfrac{3}{5}$

$\dfrac{6}{9}$ ◯< $\dfrac{8}{9}$

분모가 같은 분수는 분자가 ⬆ 두 분수의 크기를 비교하여 ◯ 안에 >, =, <를 알맞게 써넣으시오.

분모가 같은 분수는 분자가 클수록 큰 수입니다.

■ < ● → ▲ < ●
■ < ▲

$\dfrac{3}{4}$ ◯> $\dfrac{2}{4}$

① $\dfrac{6}{7}$ ◯> $\dfrac{5}{7}$

② $\dfrac{1}{10}$ ◯< $\dfrac{4}{10}$

③ $\dfrac{5}{6}$ ◯> $\dfrac{4}{6}$

④ $\dfrac{3}{12}$ ◯< $\dfrac{9}{12}$

⑤ $\dfrac{2}{8}$ ◯< $\dfrac{7}{8}$

⑥ $\dfrac{1}{3}$ ◯< $\dfrac{2}{3}$

⑦ $\dfrac{2}{5}$ ◯> $\dfrac{1}{5}$

⑧ $\dfrac{5}{9}$ ◯> $\dfrac{4}{9}$

⑨ $\dfrac{1}{9}$이 3개인 수 ◯< $\dfrac{4}{9}$

⑩ $\dfrac{1}{8}$이 5개인 수 ◯> $\dfrac{3}{8}$

⑪ $\dfrac{1}{7}$이 3개인 수 ◯< $\dfrac{6}{7}$

⑫ $\dfrac{1}{9}$이 8개인 수 ◯> $\dfrac{7}{9}$

⑬ $\dfrac{1}{6}$이 2개인 수 ◯< $\dfrac{3}{6}$

⑭ $\dfrac{1}{11}$이 10개인 수 ◯> $\dfrac{4}{11}$

③ 주차

554 단위분수의 크기 비교

● 분수만큼 색칠하고 ◯안에 >, =, <를 알맞게 써넣으시오.

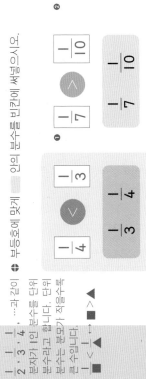

$\dfrac{1}{2}$ ◯> $\dfrac{1}{3}$

① $\dfrac{1}{4}$ ◯> $\dfrac{1}{8}$

② $\dfrac{1}{7}$ ◯< $\dfrac{1}{3}$

③ $\dfrac{1}{5}$ ◯> $\dfrac{1}{10}$

● 부등호에 맞게 □안의 분수를 빈칸에 써넣으시오.

$\dfrac{1}{2}, \dfrac{1}{3}, \dfrac{1}{4}, \cdots$과 같이
분자가 1인 분수를 단위
분수라고 합니다. 단위
분수는 분모가 작을수록
큰 수입니다.

$1<\dfrac{1}{■} \rightarrow ■>▲$

$1<\dfrac{1}{▲} \rightarrow ■>▲$

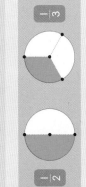

$\boxed{\dfrac{1}{3}}$ ◯< $\boxed{\dfrac{1}{4}}$

① $\boxed{\dfrac{1}{7}}$ ◯> $\boxed{\dfrac{1}{10}}$

② $\boxed{\dfrac{1}{8}}$ ◯< $\boxed{\dfrac{1}{4}}$

③ $\boxed{\dfrac{1}{5}}$ ◯> $\boxed{\dfrac{1}{10}}$

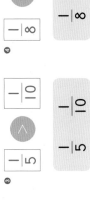

④ $\boxed{\dfrac{1}{7}}$ ◯> $\boxed{\dfrac{1}{10}}$

⑤ $\boxed{\dfrac{1}{6}}$ ◯> $\boxed{\dfrac{1}{9}}$

⑥ $\boxed{\dfrac{1}{2}}$ ◯> $\boxed{\dfrac{1}{3}}$ $\boxed{\dfrac{1}{4}}$ $\boxed{\dfrac{1}{3}}$

$\boxed{\dfrac{1}{2}}$ ◯< $\boxed{\dfrac{1}{6}}$

$\boxed{\dfrac{1}{6}}$ ◯> $\boxed{\dfrac{1}{9}}$

$\boxed{\dfrac{1}{8}}$ ◯< $\boxed{\dfrac{1}{4}}$

$\boxed{\dfrac{1}{12}}$ $\boxed{\dfrac{1}{7}}$ ◯< $\boxed{\dfrac{1}{8}}$ $\boxed{\dfrac{1}{7}}$

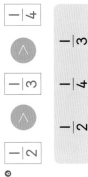

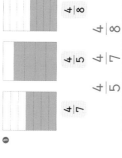

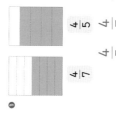

$\frac{4}{7}$	$\frac{4}{5}$	$\frac{4}{8}$
	$\frac{4}{7}$	$\frac{4}{8}$

❶

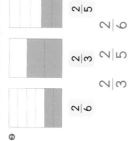

$\frac{4}{9}$	$\frac{4}{7}$	$\frac{4}{6}$
	$\frac{4}{6}$	$\frac{4}{9}$

❸

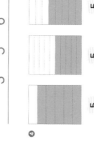

$\frac{3}{7}$	$\frac{3}{6}$	$\frac{3}{4}$
$\frac{3}{4}$	$\frac{3}{6}$	$\frac{3}{7}$

❺

분수만큼 색칠하고 ✚ 분수만큼 색칠하고, 큰 수부터 차례로 쓰시오.

$\frac{3}{4}$	$\frac{3}{6}$	$\frac{3}{5}$
$\frac{3}{4}$	$\frac{3}{5}$	$\frac{3}{6}$

● ▶ ● > ●

■ ← ● ▲ < ●

▲ ■ ▲ ● < ■

분자가 같은 분수는 분모가 작을수록 큰 수입니다.

$\frac{2}{6}$	$\frac{2}{3}$	$\frac{2}{5}$
$\frac{2}{6}$	$\frac{2}{3}$	$\frac{2}{5}$

❷

$\frac{5}{6}$	$\frac{5}{10}$	$\frac{5}{8}$
$\frac{5}{6}$	$\frac{5}{8}$	$\frac{5}{10}$

❹

---

555 분자가 같은 분수의 크기 비교

● 분수만큼 색칠하고, ◯ 안에 >, =, <를 알맞게 써넣으시오.

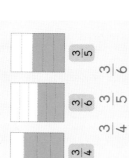

$\frac{2}{3}$	$>$	$\frac{2}{4}$

$\frac{2}{3}$ ◯ $\frac{2}{4}$

❶ $\frac{3}{7}$ ◯ $\frac{3}{5}$

$\frac{3}{7}$ $<$ $\frac{3}{5}$

❷ $\frac{5}{6}$ ◯ $\frac{5}{9}$

$\frac{5}{6}$ $>$ $\frac{5}{9}$

❸ $\frac{4}{5}$ ◯ $\frac{4}{6}$

$\frac{4}{5}$ $>$ $\frac{4}{6}$

❹ $\frac{7}{10}$ ◯ $\frac{7}{8}$

$\frac{7}{10}$ $<$ $\frac{7}{8}$

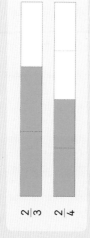

P.32 ● P.33

③ 주차

556 네모 대소

● □ 안에 들어갈 수 있는 수에 ○표 하시오.

$\dfrac{3}{8}$ ∨ $\dfrac{\square}{8}$ 2 ④

① $\dfrac{5}{7}$ ∧ $\dfrac{\square}{7}$ ④ 6

② $\dfrac{2}{5}$ ∨ $\dfrac{\square}{5}$ 1 ③

③ $\dfrac{1}{3}$ ∧ $\dfrac{\square}{3}$ 2 ④

④ $\dfrac{1}{7}$ ∧ $\dfrac{1}{\square}$ 8 ⑥

⑤ $\dfrac{1}{6}$ ∧ $\dfrac{1}{\square}$ ⑦ 5

⑥ $\dfrac{2}{7}$ ∨ $\dfrac{2}{\square}$ ⑥ 8

⑦ $\dfrac{5}{9}$ ∨ $\dfrac{5}{\square}$ 6 ⑩

⑧ $\dfrac{3}{8}$ ∨ $\dfrac{3}{\square}$ ⑤ 9

⑨ $\dfrac{7}{9}$ ∧ $\dfrac{\square}{9}$ ③ 8

⑩ $\dfrac{1}{5}$ ∨ $\dfrac{1}{\square}$ ④ 9

⑪ $\dfrac{6}{10}$ ∨ $\dfrac{6}{\square}$ 12 ⑧

● □ 안에 들어갈 수 있는 수에 모두 ○표 하시오.

① $\dfrac{5}{9}$ ∨ $\dfrac{\square}{9}$ 3 4 5 ⑥ ⑦

② $\dfrac{1}{8}$ ∧ $\dfrac{1}{\square}$ 6 7 8 ⑨ ⑩

③ $\dfrac{3}{7}$ ∨ $\dfrac{\square}{7}$ 3 ④ ⑤ 6 7 $\dfrac{6}{7}$

④ $\dfrac{3}{12}$ ∨ $\dfrac{3}{\square}$ 9 ⑩ ⑪ 12 13 $\dfrac{3}{9}$

● □ 안에 들어갈 수 있는 수에 모두 ○표 하시오.

$\dfrac{2}{7}$ ∧ $\dfrac{2}{\square}$ 5 6 7 ⑧ ⑨

⑤ $\dfrac{3}{6}$ ∨ $\dfrac{3}{\square}$ ④ ⑤ 6 7 8

⑥ $\dfrac{8}{12}$ ∨ $\dfrac{\square}{12}$, $\dfrac{11}{12}$ ∨ $\dfrac{\square}{12}$ 7 8 ⑨ ⑩ 11

⑦ $\dfrac{1}{11}$ ∨ $\dfrac{1}{\square}$, $\dfrac{1}{14}$ ∧ $\dfrac{1}{\square}$ 11 ⑫ ⑬ 14 15

잘 공부했는지 알아봅시다

1 그림에 분수만큼 색칠하고 ○ 안에 >, =, <를 알맞게 써넣으시오.

①
$\dfrac{3}{7}$ $\bigcirc$ < $\dfrac{6}{7}$

$\dfrac{6}{7}$

②
$\dfrac{2}{5}$ $\bigcirc$ > $\dfrac{2}{8}$

$\dfrac{2}{8}$

분모가 같은 분수는 분자가 클수록 큽니다.
분자가 같은 분수는 분모가 작을수록 큽니다.

2 분수의 크기를 비교하여 가장 큰 수에 ○표, 가장 작은 수에 △표 하시오.

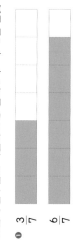
$\triangle\dfrac{3}{13}$ 　$\dfrac{7}{13}$ 　$\left(\dfrac{12}{13}\right)$ 　$\dfrac{8}{13}$ 　$\dfrac{5}{13}$

분모가 같은 분수의 크기 비교이므로 분자가 가장 큰 $\dfrac{12}{13}$가 가장 크고, 분자가 가장 작은 $\dfrac{3}{13}$이 가장 작습니다.

3 □ 안에 들어갈 수 있는 수에 모두 ○표 하시오.

①
$\dfrac{4}{15}$ < $\dfrac{4}{\square}$ < $\dfrac{4}{12}$

11　12　⑬　⑭　15

②
$\dfrac{1}{13}$ < $\dfrac{\square}{13}$ < $\dfrac{9}{13}$

⑦　⑧　9　10　11

③ 주차

557 $\frac{1}{2}$ 과 크기가 같은 분수

● 수직선의 빈칸에 알맞은 분수를 쓰고, ○안에 >, =, <를 알맞게 써넣으시오.

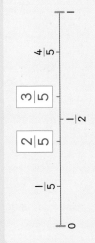

$\frac{2}{5}$ ○ $\frac{1}{2}$ (<)

$\frac{3}{5}$ ○ $\frac{1}{2}$ (>)

①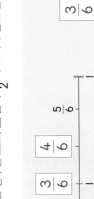

$\frac{1}{3}$ ○ $\frac{1}{2}$ (<)

$\frac{2}{3}$ ○ $\frac{1}{2}$ (>)

②

$\frac{3}{7}$ ○ $\frac{1}{2}$ (<)

$\frac{5}{7}$ ○ $\frac{1}{2}$ (>)

③

$\frac{4}{9}$ ○ $\frac{1}{2}$ (<)

$\frac{6}{9}$ ○ $\frac{1}{2}$ (>)

수직선에서 $\frac{1}{2}$ 보다 오른 ● 수직선의 빈칸에 알맞은 분수를 쓰고, □ 안에 $\frac{1}{2}$ 과 크기가 같은 분수를 쓰시오.

쪽에 있는 수는 $\frac{1}{2}$ 보다 큰 수, 왼쪽에 있는 수는 $\frac{1}{2}$ 보다 작은 수, $\frac{1}{2}$ 과 같은 위치에 있는 수는 $\frac{1}{2}$ 과 크기가 같은 수입니다.

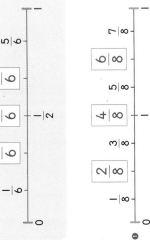

$\boxed{\dfrac{3}{6}} = \dfrac{1}{2}$

①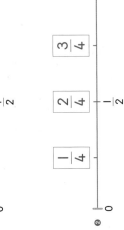

$\boxed{\dfrac{4}{8}} = \dfrac{1}{2}$

②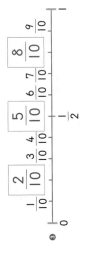

$\boxed{\dfrac{2}{4}} = \dfrac{1}{2}$

③

$\boxed{\dfrac{5}{10}} = \dfrac{1}{2}$

558 $\frac{1}{2}$과 크기 비교

● 분수만큼 색칠하여 $\frac{1}{2}$과 크기를 비교하고, 알맞은 말에 ◯표 하시오.

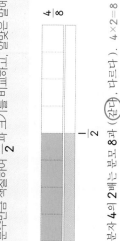

$\frac{4}{8}$ ◯= $\frac{1}{2}$

분자 4의 2배는 분모 8과 (같다 , 다르다). 4×2=8

❶ $\frac{3}{7}$ ◯< $\frac{1}{2}$

분자 3의 2배는 분모 7보다 (크다 , 작다). 3×2<7

❷ $\frac{3}{5}$ ◯> $\frac{1}{2}$

분자 3의 2배는 분모 5보다 (크다 , 작다).

❸ $\frac{3}{6}$ ◯= $\frac{1}{2}$

분자 3의 2배는 분모 6과 (같다 , 다르다).

● 분모, 분자의 수를 보고 ✚ 크기 비교에 맞게 ▨ 안의 분수를 빈칸에 써넣으시오.

$\frac{1}{2}$과의 크기를 비교할 수 있습니다.

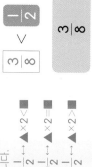

$\blacktriangle < \frac{1}{2} \leftrightarrow \blacktriangle×2 < \blacksquare$

$\blacktriangle = \frac{1}{2} \leftrightarrow \blacktriangle×2 = \blacksquare$

$\blacktriangle > \frac{1}{2} \leftrightarrow \blacktriangle×2 > \blacksquare$

$\frac{3}{8}$ < $\frac{1}{2}$ = $\frac{4}{8}$ < $\frac{5}{8}$

$\frac{3}{8}$ < $\frac{4}{8}$ < $\frac{5}{8}$

3×2<8 4×2=8 5×2>8

❶ $\frac{3}{7}$ < $\frac{1}{2}$ < $\frac{4}{7}$

$\frac{3}{7}$ < $\frac{4}{7}$

❷ $\frac{2}{6}$ < $\frac{1}{2}$ = $\frac{3}{6}$ < $\frac{4}{6}$

$\frac{2}{6}$ < $\frac{3}{6}$ < $\frac{4}{6}$

❸ $\frac{2}{5}$ < $\frac{1}{2}$ < $\frac{3}{5}$

$\frac{2}{5}$ < $\frac{3}{5}$

❹ $\frac{3}{10}$ < $\frac{1}{2}$ = $\frac{5}{10}$ < $\frac{7}{10}$

$\frac{5}{10}$ < $\frac{3}{10}$ < $\frac{7}{10}$

❺ $\frac{2}{9}$ < $\frac{1}{2}$ < $\frac{7}{9}$

$\frac{7}{9}$ < $\frac{2}{9}$

④ 주차

559 세 분수의 크기 비교

● ○ 안에 >, =, <를 알맞게 써넣고, 관계 있는 것끼리 선으로 이으시오.

$\frac{2}{6}$ ⓥ $\frac{4}{7}$ — 분모가 같은 분수는 분자가 클수록 큰 수입니다.

$\frac{2}{7}$ ⓐ $\frac{2}{8}$ — $\frac{1}{2}$ 보다 크든 분수와 $\frac{1}{2}$ 보다 작은 분수를 비교합니다.

$\frac{3}{5}$ ⓥ $\frac{4}{5}$ — 분자가 같은 분수는 분모가 작을수록 큰 수입니다.

①
$\frac{1}{8}$ ⓐ $\frac{1}{10}$ — 분자가 1인 분수는 분모가 작을수록 큰 수입니다.

$\frac{7}{9}$ ⓥ $\frac{8}{9}$ — 분모가 같은 분수는 분자가 클수록 큰 수입니다.

$\frac{4}{5}$ ⓐ $\frac{3}{7}$ — $\frac{1}{2}$ 보다 크든 분수와 $\frac{1}{2}$ 보다 작은 분수를 비교합니다.

②
$\frac{5}{7}$ ⓥ $\frac{5}{6}$ — 분모가 같은 분수는 분자가 클수록 큰 수입니다.

$\frac{3}{9}$ ⓥ $\frac{4}{8}$ — $\frac{1}{2}$ 과 같은 분수와 $\frac{1}{2}$ 보다 작은 분수를 비교합니다.

$\frac{4}{10}$ ⓐ $\frac{2}{10}$ — 분자가 같은 분수는 분모가 작을수록 큰 수입니다.

● ○ 안에 >, =, <를 알맞게 써넣으시오.

문자, 분모가 모두 다른 ◆ ○ 안에 >, =, < 를 알맞게 써넣으시오.

분수의 크기 비교는 $\frac{1}{2}$ 과

의 크기 비교를 이용합니다.

$\frac{2}{7}$ ⓐ $\frac{2}{9}$ ⓐ $\frac{2}{10}$

① $\frac{3}{8}$ ⓥ $\frac{5}{8}$ ⓥ $\frac{6}{8}$

② $\frac{2}{6}$ ⓥ $\frac{1}{2}$ ⓥ $\frac{4}{7}$

③ $\frac{1}{5}$ ⓥ $\frac{1}{4}$ ⓥ $\frac{1}{3}$

④ $\frac{7}{11}$ ⓐ $\frac{3}{11}$ ⓐ $\frac{1}{11}$

⑤ $\frac{5}{8}$ ⓐ $\frac{1}{2}$ ⓐ $\frac{3}{6}$

⑥ $\frac{5}{6}$ ⓐ $\frac{5}{7}$ ⓐ $\frac{5}{8}$

⑦ $\frac{3}{10}$ ⓥ $\frac{5}{10}$ ⓥ $\frac{9}{10}$

⑧ $\frac{3}{8}$ ⓥ $\frac{1}{2}$ ⓥ $\frac{7}{9}$

⑨ $\frac{1}{9}$ ⓐ $\frac{1}{12}$ ⓐ $\frac{1}{15}$

⑩ $\frac{6}{9}$ ⓥ $\frac{7}{9}$ ⓥ $\frac{8}{9}$

⑩ $\frac{3}{11}$ ⓥ $\frac{3}{9}$ ⓥ $\frac{3}{5}$

월   일

560 토너먼트 비교

● 선으로 연결된 두 분수의 크기를 비교하여 반칸에 큰 분수를 써넣으시오.

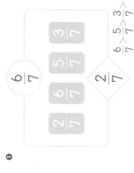

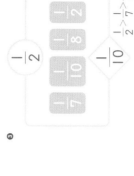

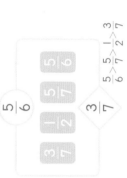

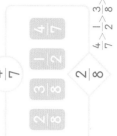

⊕ 분수의 크기를 비교하여 가장 큰 수를 ○에, 가장 작은 수를 ◇에 써넣으시오.

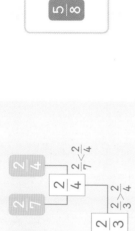

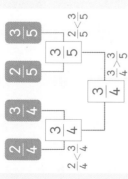

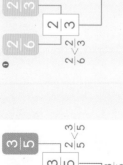

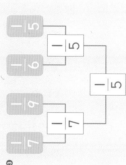

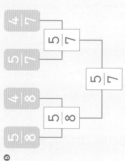

4 주차

잘 공부했는지 알아봅시다

월   일

1 $\frac{1}{2}$ 보다 큰 수를 찾아 ○표 하시오.

(⑤/8)   3/9   (④/7)   2/6   (③/5)

분자를 2배 한 수가 분모보다 크면 분수는 $\frac{1}{2}$ 보다 큰 수입니다.

2 ○ 안에 >, =, < 를 알맞게 써넣으시오.

① $\frac{5}{7}$ (>) $\frac{1}{2}$ (>) $\frac{2}{5}$

5×2>7

② $\frac{2}{7}$ (<) $\frac{2}{6}$ (<) $\frac{5}{8}$

$\frac{5}{8}$ > $\frac{1}{2}$ 이고, $\frac{2}{7}$ 과 $\frac{2}{6}$ 는 모두 $\frac{1}{2}$ 보다 작은 수이므로 $\frac{5}{8}$ 가 가장 큽니다. $\frac{2}{7}$ 과 $\frac{2}{6}$ 는 분자가 같으므로 분모가 더 작은 $\frac{2}{6}$ 가 더 큽니다.

3 작은 수부터 차례로 쓰시오.

① $\frac{6}{7}$ $\frac{1}{2}$ $\frac{6}{8}$ $\frac{3}{8}$

$\frac{3}{8}$ $\frac{1}{2}$ $\frac{6}{8}$ $\frac{6}{7}$

$\frac{1}{2}$ 보다 큰 수, 작은 수로 구분한 다음, 큰 수끼리 크기를 비교합니다.

② $\frac{4}{5}$ $\frac{4}{12}$ $\frac{1}{2}$ $\frac{4}{7}$ $\frac{4}{9}$

$\frac{4}{12}$ $\frac{4}{9}$ $\frac{1}{2}$ $\frac{4}{7}$ $\frac{4}{5}$

$\frac{1}{2}$ 보다 큰 수, 작은 수로 구분한 다음, 작은 수끼리, 큰 수끼리 크기를 비교합니다.

46

561 마일스톤

● 조건에 맞는 두 수에 ○표 하시오.

분수의 크기를 비교할 때
에는 분자, 분모, $\frac{1}{2}$ 중에
서 기준이 되는 것을 정
합니다.

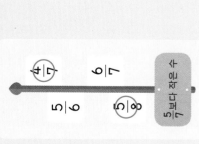
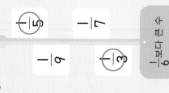

● 빈칸에 들어갈 수 있는 세 수에 ○표 하시오.

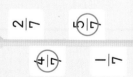

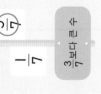

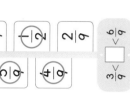
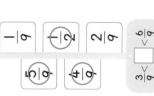
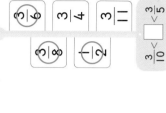

5 주차

562 수수께끼

● 분수를 보고 빈칸에 알맞은 수를 써넣고, 알맞은 말에 ○표 하시오.

$\dfrac{3}{7}$
- 분모는 분자보다 (큽니다. 작습니다). 7 > 3
- 분모와 분자의 차는 4 입니다. 7 − 3 = 4
- $\dfrac{1}{2}$ 보다 (큽니다. 작습니다). $\dfrac{3}{7} < \dfrac{1}{2}$

❶ $\dfrac{2}{9}$
- 분모는 분자보다 (큽니다. 작습니다). 9 > 2
- 분모와 분자의 합은 11 입니다. 9 + 2 = 11
- $\dfrac{3}{9}$ 보다 (큽니다. 작습니다). $\dfrac{2}{9} < \dfrac{3}{9}$

❷ $\dfrac{1}{6}$
- 분자는 1 입니다.
- 분모는 1보다 (큽니다. 작습니다).
- $\dfrac{1}{7}$ 보다 (큽니다. 작습니다).

❸ $\dfrac{3}{4}$
- 분모에서 분자를 빼면 1 입니다.
- 분모와 분자를 더하면 7 입니다.
- $\dfrac{3}{5}$ 보다 (큽니다. 작습니다).

월 일

● 조건을 모두 만족하는 분수를 빈칸에 써넣으시오.

$\dfrac{3}{5}$
- 분모와 분자를 더하면 8입니다.
- 분모가 분자보다 큽니다.
- $\dfrac{1}{2}$ 보다 큽니다.

❶ $\dfrac{6}{7}$
- 분모가 7입니다.
- 분모는 분자보다 큽니다.
- $\dfrac{5}{7}$ 보다 큽니다.

❷ $\dfrac{3}{6}$
- 분모와 분자의 차가 3입니다.
- 분모가 분자보다 큽니다.
- $\dfrac{1}{2}$ 과 크기가 같습니다.

분모, 분자의 합이 8인 분수 중 $\dfrac{1}{2}$ 보다 큰 분수를 구합니다.

❸ $\dfrac{1}{2}$
- 분자가 1입니다.
- 분모는 1보다 큽니다.
- $\dfrac{1}{3}$ 보다 큽니다.

분모가 7인 분수 중 $\dfrac{5}{7}$ 보다 큰 진분수를 찾습니다.

❹ $\dfrac{7}{8}$
- 분모와 분자의 차가 1입니다.
- 분모가 분자보다 큽니다.
- 분모와 분자의 합이 15입니다.

❺ $\dfrac{4}{5}$
- 분모와 분자의 합이 9입니다.
- 분모가 분자보다 큽니다.
- $\dfrac{1}{2}$ 보다 큽니다.

563 조건과 분수

● 주어진 분수를 보고 빈칸에 알맞은 분수를 써넣으시오.

3/11 6/11 7/11 8/11 5/11

분모가 11인 분수입니다.

가장 큰 수는 $\dfrac{8}{11}$ 이고,

가장 작은 수는 $\dfrac{3}{11}$ 입니다.

① 2/7 2/9 2/4 2/10 2/8

분자가 2인 분수입니다.

가장 큰 수는 $\dfrac{2}{4}$ 이고

가장 작은 수는 $\dfrac{2}{10}$ 입니다.

③ 1/20 1/15 1/7 1/18 1/4

분자가 1인 분수입니다.

가장 큰 수는 $\dfrac{1}{4}$ 이고

가장 작은 수는 $\dfrac{1}{20}$ 입니다.

② 2/10 4/8 3/9 1/11 5/7

분모와 분자의 합이 12인 분수입니다.

$\dfrac{1}{2}$ 과 같은 수는 $\dfrac{4}{8}$ 이고

$\dfrac{1}{2}$ 보다 큰 수는 $\dfrac{5}{7}$ 입니다.

52

● 조건에 맞는 분수를 모두 쓰시오.

분모가 13인 분수 중 $\dfrac{5}{13}$ 보다 크고 $\dfrac{12}{13}$ 보다 작은 분수

$\dfrac{6}{13}$ $\dfrac{7}{13}$ $\dfrac{8}{13}$ $\dfrac{9}{13}$ $\dfrac{10}{13}$ $\dfrac{11}{13}$

① 분자가 1인 분수 중 $\dfrac{1}{12}$ 보다 크고 $\dfrac{1}{5}$ 보다 작은 분수

$\dfrac{1}{11}$ $\dfrac{1}{10}$ $\dfrac{1}{9}$ $\dfrac{1}{8}$ $\dfrac{1}{7}$ $\dfrac{1}{6}$

② 분모가 12인 분수 중 $\dfrac{4}{12}$ 보다 작은 분수

$\dfrac{1}{12}$ $\dfrac{2}{12}$ $\dfrac{3}{12}$

③ 분자와 분모의 합이 10인 분수 중 $\dfrac{1}{2}$ 보다 작은 분수

$\dfrac{1}{9}$ $\dfrac{2}{8}$ $\dfrac{3}{7}$

④ 분자가 3인 분수 중 $\dfrac{3}{13}$ 보다 크고 $\dfrac{3}{7}$ 보다 작은 분수

$\dfrac{3}{12}$ $\dfrac{3}{11}$ $\dfrac{3}{10}$ $\dfrac{3}{9}$ $\dfrac{3}{8}$

⑤ 주차

564 조건과 개수

월 일

● 조건에 맞는 수에 모두 ○표 하고, 개수를 구하시오.

조건
- 분자는 2입니다.
- $\frac{2}{10}$ 보다 큰 분수입니다.
- 분모는 3보다 큽니다.

$\frac{1}{2}$ $\frac{2}{3}$ $\textcircled{\frac{2}{4}}$ $\textcircled{\frac{2}{6}}$ $\frac{2}{12}$
$\frac{1}{3}$ $\textcircled{\frac{2}{8}}$ $\textcircled{\frac{2}{9}}$ $\frac{2}{10}$ $\frac{2}{11}$
$\textcircled{\frac{2}{7}}$

6 개

❶ **조건**
- 분모는 10입니다.
- 분자는 분모보다 작습니다.
- $\frac{1}{2}$ 보다 큰 분수입니다.

$\frac{2}{9}$ $\frac{2}{3}$ $\frac{4}{10}$ $\frac{9}{11}$
$\frac{1}{10}$ $\frac{2}{10}$ $\frac{3}{10}$ $\textcircled{\frac{9}{10}}$
$\frac{2}{9}$ $\textcircled{\frac{6}{10}}$ $\textcircled{\frac{7}{10}}$ $\textcircled{\frac{8}{10}}$
$\textcircled{\frac{5}{10}}$

4 개

❷ **조건**
- 분자가 1보다 큽니다.
- 분모가 6보다 작습니다.
- 분모가 분자보다 큽니다.

$\frac{1}{3}$ $\textcircled{\frac{2}{4}}$ $\textcircled{\frac{3}{4}}$ $\frac{2}{6}$
$\frac{1}{4}$ $\textcircled{\frac{2}{3}}$ $\textcircled{\frac{4}{5}}$
$\textcircled{\frac{2}{3}}$ $\textcircled{\frac{2}{5}}$ $\textcircled{\frac{3}{5}}$

6 개

❸ **조건**
- 분모와 분자의 차가 1입니다.
- 분모가 분자보다 큽니다.
- 분자는 8보다 작습니다.

$\frac{1}{3}$ $\textcircled{\frac{2}{4}}$ $\textcircled{\frac{3}{4}}$ $\frac{9}{10}$
$\frac{1}{4}$ $\frac{2}{4}$ $\textcircled{\frac{7}{8}}$ $\frac{8}{9}$
$\textcircled{\frac{1}{2}}$ $\textcircled{\frac{5}{6}}$ $\textcircled{\frac{6}{7}}$
$\textcircled{\frac{4}{5}}$

7 개

분수의 크기를 비교할 때 ● 조건에 알맞은 분수를 모두 쓰고, 개수를 구하시오.
에는 분자, 분모, $\frac{1}{2}$ 중에
서 기준이 되는 것을 정
합니다.

조건
- 분자와 분모의 합이 10보다 작습니다.
- 분모가 분자보다 큽니다.
- $\frac{1}{2}$ 보다 작습니다.

$\frac{1}{3}$ $\frac{1}{4}$ $\frac{1}{5}$ $\frac{1}{6}$
$\frac{2}{6}$ $\frac{2}{7}$ $\frac{2}{5}$ $\frac{1}{8}$

9 개

❶ **조건**
- 분자는 1입니다.
- 분모는 1보다 큽니다.
- $\frac{1}{12}$ 보다 큽니다.

$\frac{1}{2}$ $\frac{1}{3}$ $\frac{1}{4}$ $\frac{1}{5}$ $\frac{1}{6}$
$\frac{1}{7}$ $\frac{1}{8}$ $\frac{1}{9}$ $\frac{1}{10}$ $\frac{1}{11}$

10 개

❷ **조건**
- 분모가 12입니다.
- 분자는 분모보다 작습니다.
- $\frac{3}{12}$ 보다 큽니다.

$\frac{4}{12}$ $\frac{5}{12}$ $\frac{6}{12}$ $\frac{7}{12}$
$\frac{8}{12}$ $\frac{9}{12}$ $\frac{10}{12}$ $\frac{11}{12}$

8 개

❸ **조건**
- 분모가 8보다 작습니다.
- 분모가 분자보다 큽니다.
- $\frac{1}{2}$ 보다 큽니다.

$\frac{2}{3}$ $\frac{3}{4}$ $\frac{4}{5}$ $\frac{4}{6}$
$\frac{5}{6}$ $\frac{4}{7}$ $\frac{5}{7}$ $\frac{6}{7}$

9 개

잘 공부했는지 알아봅시다

월 일

1 시윤이가 만든 수수께끼입니다. 수수께끼를 읽고 조건에 맞는 분수를 구하시오.

- 분모가 분자보다 큽니다.
- 분모와 분자의 합이 12입니다.
- $\frac{1}{2}$보다 큽니다.

$\frac{5}{7}$

2 빈칸에 들어갈 수 있는 수를 모두 찾아 ○표 하시오.

$$\frac{7}{9} > \boxed{} > \frac{7}{16}$$

$\left(\dfrac{1}{2}\right)$ $\dfrac{7}{8}$ $\dfrac{5}{16}$ $\left(\dfrac{8}{16}\right)$ $\left(\dfrac{7}{15}\right)$

분모가 같은 분수는 분자가 클수록 큰 수이고, 분자가 같은 분수는 분모가 작을수록 큰 수입니다.

3 조건에 맞은 분수를 모두 쓰시오.

조건 ❶
- 분모가 분자보다 큽니다.
- 분모는 9입니다.
- $\frac{1}{2}$보다 작은 수입니다.

$\dfrac{1}{9}$ $\dfrac{2}{9}$ $\dfrac{3}{9}$ $\dfrac{4}{9}$

조건 ❷
- 분모와 분자의 합은 15입니다.
- $\frac{1}{2}$보다 큰 분수입니다.
- 분모가 분자보다 큽니다.

$\dfrac{7}{8}$ $\dfrac{6}{9}$

5 주차

56

6 주차

565 분수와 소수

● 색칠한 부분의 크기를 분수와 소수로 나타내시오.

분수	$\frac{3}{10}$
소수	0.3

분수	$\frac{1}{10}$
소수	0.1

분수	$\frac{9}{10}$
소수	0.9

분수	$\frac{5}{10}$
소수	0.5

분수	$\frac{8}{10}$
소수	0.8

분수	$\frac{2}{10}$
소수	0.2

분수	$\frac{7}{10}$
소수	0.7

분수	$\frac{4}{10}$
소수	0.4

분수	$\frac{6}{10}$
소수	0.6

● 분수만큼 색칠하고 소수로 나타내시오.

분수 $\frac{1}{10}$, $\frac{2}{10}$, $\frac{3}{10}$, …을 소수 0.1, 0.2, 0.3, …, 0.9라 쓰입니다.

$\frac{7}{10}$ = 0.7

$\frac{5}{10}$ = 0.5

$\frac{8}{10}$ = 0.8

$\frac{3}{10}$ = 0.3

$\frac{1}{10}$ = 0.1

$\frac{6}{10}$ = 0.6

$\frac{9}{10}$ = 0.9

$\frac{4}{10}$ = 0.4

$\frac{2}{10}$ = 0.2

월 일

566 소수로 나타내기

● 그림을 보고 소수로 나타내시오.

색칠한 한 칸은 0.1, 0.1이 15개이면 1.5입니다.

 1.5

①
색칠한 한 칸은 0.1, 0.1이 23개이면 2.3입니다. 2.3

② 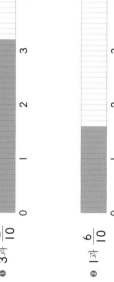 3.7

③ 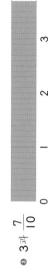 4.4

④ 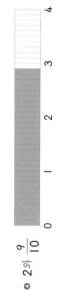 2.8

● 분수만큼 색칠하고 소수로 나타내시오.

2와 $\frac{4}{10}$ 2.4

❶ 3과 $\frac{2}{10}$ 3.2

❷ 1과 $\frac{6}{10}$ 1.6

❸ 3과 $\frac{7}{10}$ 3.7

❹ 2과 $\frac{9}{10}$ 2.9

6 주차

567 선 긋기

● 관계있는 것끼리 선으로 이으시오.

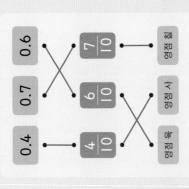

수 0.1, 0.2, 0.3, …, ⊕ 관계있는 것을 찾아 선을 그으시오.
0.9는 영점 일, 영점 이,
영점 삼, …, 영점 구라고
읽습니다.

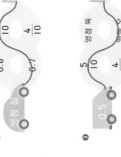

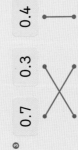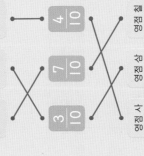

568　색 테이프

● 길이를 구하시오.

1 cm 8 mm
= 18 mm
= 1.8 cm

❶ 2 cm 4 mm
= 24 mm
= 2.4 cm

❷ 1 cm 6 mm
= 16 mm
= 1.6 cm

❸ 2 cm 7 mm
= 27 mm
= 2.7 cm

❹ 3 cm 4 mm
= 34 mm
= 3.4 cm

❺ 2 cm 9 mm
= 29 mm
= 2.9 cm

❻ 1 cm 3 mm
= 13 mm
= 1.3 cm

❼ 2 cm 8 mm
= 28 mm
= 2.8 cm

❽ 3 cm 2 mm
= 32 mm
= 3.2 cm

1mm=0.1cm이므로
1cm 8mm=1.8cm입니다.
53mm=5.3cm입니다.

● □ 안에 알맞은 수를 써넣으시오.

5 cm 3 mm
= 53 mm
= 5.3 cm

❷ 8 cm 9 mm
= 89 mm
= 8.9 cm

❶ 3 cm 7 mm
= 37 mm
= 3.7 cm

❸ 36 mm
= 3 cm 6 mm
= 3.6 cm

❺ 45 mm
= 4 cm 5 mm
= 4.5 cm

❹ 21 mm
= 2 cm 1 mm
= 2.1 cm

❻ 5.4 cm
= 5 cm 4 mm
= 54 mm

❽ 8.3 cm
= 8 cm 3 mm
= 83 mm

❼ 6.5 cm
= 6 cm 5 mm
= 65 mm

❾ 72 mm
= 7 cm 2 mm
= 7.2 cm

❿ 58 mm
= 5 cm 8 mm
= 5.8 cm

⓫ 97 mm
= 9 cm 7 mm
= 9.7 cm

⑥ 주차

잘 공부했는지 알아봅시다

월   일

1 소수만큼 색칠하시오.

❶

0.8

0.8은 0.1이 8개이므로
8칸을 색칠합니다.

❷

0.3

0.3은 0.1이 3개이므로
3칸을 색칠합니다.

2 그림을 보고 소수로 나타내시오.

❶

3.3

❷

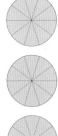

4.7

3 관계있는 것끼리 선으로 이으시오.

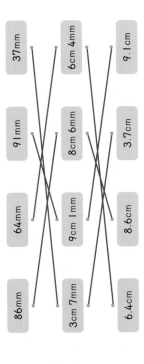

86mm   3cm 7mm   64mm   91mm   37mm

6.4cm   8.6cm   9cm 1mm   8cm 6mm   6cm 4mm   3.7cm   9.1cm

7 주차

569 소수의 크기 비교

● 소수만큼 색칠하고 ○ 안에 >, =, <를 알맞게 써넣으시오.

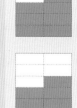

0.5 (<) 0.7

0.5는 0.1이 5개이므로 5칸을 색칠하고 0.7은 0.1이 7개이므로 7칸을 색칠합니다. 7칸을 색칠한 0.70이 더 큰 수입니다.

① 0.8 (>) 0.6

0.8은 0.1이 8개이므로 8칸을 색칠하고 0.6은 0.1이 6개이므로 6칸을 색칠합니다. 8칸을 색칠한 0.80이 더 큰 수입니다.

② 0.8 (>) 0.4

③ 0.3 (<) 0.4

④ 0.6 (<) 0.9

⑤ 0.7 (>) 0.2

● 두 수의 크기를 비교하여 ○ 안에 >, =, <를 알맞게 써넣으시오.

소수는 소수점 왼쪽의 수가 모두 '0'이므로, 소수점 오른쪽의 수가 큰 쪽이 더 큽니다.
0.2<0.4

0.4 (<) 0.1이 7개인 수
　　　　0.7

① 0.1이 5개인 수 (=) $\frac{1}{10}$이 5개인 수
　　　　　　　　　　0.5

② 0.3 (=) $\frac{1}{10}$이 3개인 수

③ $\frac{1}{10}$이 4개인 수 (<) 0.1이 5개인 수

④ 0.6 (>) 0.1이 4개인 수

⑤ $\frac{1}{10}$이 7개인 수 (>) 0.1이 6개인 수

⑥ 0.8 (>) $\frac{1}{10}$이 5개인 수

⑦ $\frac{1}{10}$이 5개인 수 (<) 0.1이 8개인 수

⑧ 0.8 (<) 0.1이 9개인 수

⑨ 0.1이 9개인 수 (>) $\frac{1}{10}$이 6개인 수

⑩ 0.9 (<) $\frac{1}{10}$이 7개인 수

⑪ 0.1이 8개인 수 (=) $\frac{1}{10}$이 7개인 수

⑫ 0.2 (=) 0.1이 2개인 수

⑬ 0.1이 2개인 수 (<) $\frac{1}{10}$이 4개인 수

⑭ 0.3 (<) $\frac{1}{10}$이 6개인 수

⑮ $\frac{1}{10}$이 8개인 수 (>) 0.1이 8개인 수

570 대소수의 크기 비교

P.70

● 소수만큼 색칠하고, ○ 안에 >, =, <를 알맞게 써넣으시오.

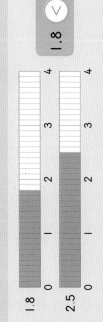

1.8 (<) 2.5

❶ 2.2 (<) 2.8

❷ 3.1 (>) 2.9

❸ 3.3 (<) 3.7

P.71

● 두 수의 크기를 비교하여 ○ 안에 >, =, <를 알맞게 써넣으시오.

대소수는 소수점 왼쪽
의 수가 큰 쪽이 더 큽니
다. 소수점 왼쪽의 수가
같으면 소수점 오른쪽의
수가 큰 쪽이 큽니다.
7.1>6.8, 5.4<5.9

3.9 (>) 3과 $\dfrac{2}{10}$
　　　　　　3.2

❶ 3.5 (>) 0.1이 27개인 수
　　　　　　2.7

❷ 7.5 (<) 7과 $\dfrac{8}{10}$

❸ 6.3 (=) 6과 0.3만큼의 수

❹ 5.2 (<) 5와 $\dfrac{4}{10}$

❺ 8.4 (>) 0.1이 81개인 수

❻ 4.3 (<) 4와 $\dfrac{6}{10}$

❼ 9.5 (<) 0.1이 96개인 수

❽ 6과 $\dfrac{8}{10}$ (>) 4와 0.7만큼의 수

❾ 0.1이 73개인 수 (<) 0.1이 89개인 수

❿ 4와 0.3만큼의 수 (>) $\dfrac{1}{10}$이 37개인 수

⓫ 0.1이 31개인 수 (<) $\dfrac{1}{10}$이 46개인 수

⓬ 9와 0.3만큼의 수 (>) $\dfrac{1}{10}$이 78개인 수

571 가장 큰 소수 가장 작은 소수

● 가장 큰 수에 ○표, 가장 작은 수에 △표 하시오.

0.3 △0.1 ○0.6
0.1<0.3<0.6

소수점 왼쪽의 수가 큰 쪽이 더 큽니다. 소수점 왼쪽의 수가 같으면 소수점 오른쪽의 수가 큰 쪽이 더 큽니다.

● 작은 수부터 차례로 쓰시오.

0.6 ○0.8 △0.5
0.5<0.6<0.8

② △2.1 3.3 2.9

③ 2.4 2.1 △1.9

④ △0.9 1.8 ○2.2

⑤ △4.8 ○8.7 5.6

⑥ ○1.2 △0.5 0.9

⑦ 6.8 △5.7 ○6.5

⑧ △0.7 1.2 ○3.2

⑨ ○8.2 6.9 △2.8

⑩ 5.3 ○9.1 △4.6

⑩ 7.3 △5.9 ○7.4

❶ 0.7 5.2 0.5 1.4 1.8
   0.5 — 0.7 — 1.4 — 1.8 — 5.2

② 0.9 0.3 0.6 0.1 0.5
   0.1 — 0.3 — 0.5 — 0.6 — 0.9

③ 3.4 2.7 1.5 2.3 2.8
   1.5 — 2.3 — 2.7 — 2.8 — 3.4

④ 5.7 4.2 6.8 3.9 2.2
   2.2 — 3.9 — 4.2 — 5.7 — 6.8

⑤ 3.1 2.7 0.8 9.3 1.7
   0.8 — 1.7 — 2.7 — 3.1 — 9.3

월 일

7 주차

7 주차

572 네모 대소

● □ 안에 들어갈 수 있는 수를 모두 찾아 ○표 하시오.

0.7 < 0.□
5 6 7 ⑧ ⑨

소수점 왼쪽의 수가 같으므로 □ 안에 7보다 큰 수가 들어갈 수 있습니다.

② 4.5 > □.3
② ③ ④ 5 6

③ 5.□ < 5.7
⑤ ⑥ 7 8 9

④ 7.5 < □.2
5 6 7 ⑧ ⑨

⑤ 6.5 > 6.□
② ③ ④ 5 6

⑥ □.7 < 4.6
① ② ③ 4 5

● □ 안에 들어갈 수 있는 수를 모두 찾아 ○표 하시오.

1.2 < 1.□ < 1.5
1 2 ③ ④ 5

소수점 왼쪽의 수가 같으므로 □ 안에 2보다 크고 5보다 작은 수가 들어갑니다.

① 0.6 > 0.□ > 0.3
2 3 ④ ⑤ 6

② 3.7 > 3.□ > 3.4
3 4 ⑤ ⑥ 7

③ 1.7 < □.6 < 5.5
1 ② ③ ④ 5

④ 6.3 > □.3 > 3.1
2 ③ ④ ⑤ 6

⑤ 6.9 < 7.□ < 7.4
① ② 3 4 5

⑥ 2.8 < 3.□ < 3.3
① ② 3 4 5

⑦ 0.4 < 0.□ < 0.7
3 4 ⑤ ⑥ 7

잘 공부했는지 알아봅시다

월   일

1 소수만큼 색칠하고, ○ 안에 >, =, <를 알맞게 써넣으시오.

2.7 [막대: 0 1 2 3 4]

3.3 [막대: 0 1 2 3 4]

2.7 < 3.3

2 가장 큰 수에 ○표, 가장 작은 수에 △표 하시오.

$\frac{1}{10}$이 37개인 수 △3.7   6과 $\frac{3}{10}$ 6.3   5.7

$\frac{1}{10}$이 65개인 수 ○6.5   4와 0.2만큼의 수 4.2   5와 $\frac{1}{10}$ 5.1

3 0.8보다 큰 수를 찾아 모두 쓰시오.   2.4, $\frac{9}{10}$, 3.7

2.4 $\frac{4}{10}$ $\frac{9}{10}$ 3.7

0.6

4 □ 안에 들어갈 수 있는 수를 모두 찾아 ○표 하시오.

❶ 5.7 < □.6 < 9.1

4   5   ⑥   ⑦   ⑧   9

❷ 6.4 < □.8 < 8.9

3   4   5   ⑥   ⑦   ⑧

7 주차

P.76

76

⑧ 주차

소수 계단

573

● 숫자 카드 두 장씩 사용하여 만든 소수 한 자리 수를 작은 수부터 밑에서부터 쓰시오.

| 5 | 2 | 1 |

5.2
5.1
2.5
2.1
1.5
1.2

❶ | 6 | 8 | 3 |

8.6
8.3
6.8
6.3
3.8
3.6

❷ | 4 | 1 | 7 |

7.4
7.1
4.7
4.1
1.7
1.4

❸ | 2 | 9 | 3 |

9.3
9.2
3.9
3.2
2.9
2.3

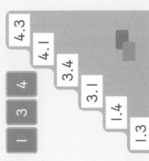

숫자 카드 세 장을 두 장 씩 사용하여 만들 수 있 는 소수 한 자리 수는 모 두 6개입니다. 소수 한 자리 수를 6개를 작은 수부 터 차례로 세넣습니다.

● 숫자 카드를 두 장씩 사용하여 만든 소수 한 자리 수를 작은 수부터 밑에서부터 쓰시오.

❶ | 2 | 7 | 9 |

9.7
9.2
7.9
7.2
2.9
2.7

❷ | 4 | 5 | 2 |

5.4
5.2
4.5
4.2
2.5
2.4

❸ | 3 | 7 | 6 |

7.6
7.3
6.7
6.3
3.7
3.6

| 1 | 3 | 4 |

4.3
4.1
3.4
3.1
1.4
1.3

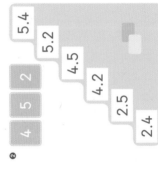

574 조건과 소수

● 소수를 보고 맞으면 ○표, 틀리면 ✕표 하시오.

0.7

0.1과 0.8 사이의 수입니다.   0.1<0.7<0.8 (○)

$\frac{5}{10}$ 보다 작은 수입니다.   0.7>$\frac{5}{10}$ (✕)

0.1이 6개인 수보다 큰 수입니다.   0.7>0.6 (○)
$\underline{0.6}$

❶ **0.2**

0.1이 4개인 수보다 작은 수입니다. (○)

0.1과 0.9 사이의 수입니다. (○)

$\frac{1}{10}$ 이 3개인 수보다 큰 수입니다. (✕)

❷ **3.6**

$\frac{1}{10}$ 이 40개인 수보다 작은 수입니다. (○)

3과 $\frac{5}{10}$ 인 수보다 작은 수입니다. (✕)

3과 0.6 만큼의 수입니다. (○)

❸ **8.1**

8과 $\frac{2}{10}$ 인 수보다 큰 수입니다. (✕)

7.9와 8.5 사이의 수입니다. (○)

0.1이 80개인 수보다 큰 수입니다. (○)

● 주어진 조건에 맞는 소수 한 자리 수를 빈칸에 써넣으시오.

두 조건에 모두 해당하는 소수 한 자리 수를 씁니다.

조건
• 0.1과 0.5 사이의 수입니다.
• 0.1이 3개인 수보다 큰 수입니다.

0.4

0.1< <0.5
0.3< <0.5
→ 0.3< <0.5
→ =0.4

❷ **조건**
• 5와 $\frac{8}{10}$ 인 수보다 작은 수입니다.
• 0.1이 56개인 수와 0.1이 59개인 수 사이의 수입니다.

5.7

❹ **조건**
• $\frac{1}{10}$ 이 31개인 수와 $\frac{1}{10}$ 이 34개인 수 사이의 수입니다.
• 0.1이 33개인 수보다 작은 수입니다.

3.2

❶ **조건**
• $\frac{1}{10}$ 이 17개인 수보다 큰 수입니다.
• 1.9보다 작은 수입니다.

1.8

>1.7
<1.9
→ 1.7< <1.9
→ =1.8

❸ **조건**
• 2.5와 2.8 사이의 수입니다.
• 2와 0.6만큼의 수와 $\frac{1}{10}$ 이 29개인 수 사이의 수입니다.

2.7

❺ **조건**
• 8과 0.1만큼의 수보다 큰 수입니다.
• 7과 $\frac{8}{10}$ 인 수와 8.3 사이의 수입니다.

8.2

⑧ 주차

575 길이와 소수

길이에 맞게 빈칸에 알맞게 써넣으시오.

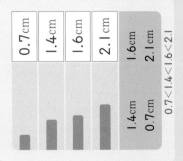

길이가 짧은 막대부터 작은 수를 씁니다.

❶
| 1.7cm |
| 0.9cm |
| 1.5cm |
| 2.4cm |

2.4cm
1.5cm
1.7cm
0.9cm

0.9<1.5<1.7<2.4

❷
| 1.4cm |
| 2.6cm |
| 0.8cm |
| 3.1cm |

0.8cm
1.4cm
2.6cm
3.1cm

❸
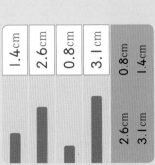
| 2.8cm |
| 0.6cm |
| 1.3cm |
| 3.3cm |

0.6cm
2.8cm
1.3cm
3.3cm

❹
| 0.7cm |
| 1.4cm |
| 1.6cm |
| 2.1cm |

1.6cm
2.1cm
1.4cm
0.7cm

0.7<1.4<1.6<2.1

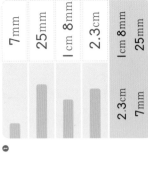

여러 가지 형태로 나타낸 길이를 모두 '□cm' 형태로 나타낸 다음, 소수의 크기를 비교하여 길이가 짧은 막대부터 작은 수를 씁니다.

❶
| 7mm |
| 25mm |
| 1cm 8mm |
| 2.3cm |

2.3cm
1cm 8mm
25mm
7mm

❸
| 2cm 1mm |
| 2.6cm |
| 19mm |
| 3.1cm |

2.6cm
2cm 1mm
19mm
3.1cm

길이에 맞게 빈칸에 알맞게 써넣으시오.

❹
| 14mm |
| 9mm |
| 1cm 6mm |
| 1.8cm |

1.8cm
1cm 6mm
14mm
9mm

❷
| 3cm 2mm |
| 15mm |
| 5mm |
| 2.7cm |

2.7cm
3cm 2mm
5mm
15mm

월   일

576 한 식 문장제

월 일

● 문제를 읽고 답을 쓰시오.

민구이의 50m 달리기 기록은 9.2초이고, 현우의 기록은 8.8초입니다. 더 빨리 달린 달린 사람은 누구입니까?

현우

① 고양이의 무게는 1.9kg이고, 강아지의 무게는 2.2kg입니다. 더 가벼운 동물은 무엇입니까?

고양이

② 지현이는 우유를 0.4L, 은희는 0.7L 마셨습니다. 우유를 더 많이 마신 사람은 누구입니까?

은희

③ 아버지날 선물을 포장하기 위하여 민정이는 9.2cm, 민정이의 오빠는 8cm 7mm의 리본을 사용했습니다. 누가 리본을 더 많이 사용했습니까?

민정

④ 민희와 정우는 동시에 숙제를 시작했습니다. 숙제를 끝마치는데 민희는 2.3 시간, 정우는 1.9시간이 걸렸습니다. 숙제를 더 빨리 끝낸 사람은 누구입니까?

정우

● 문제를 읽고 답을 쓰시오.

영희의 책가방의 무게는 1.2kg, 민지의 책가방의 무게는 0.9kg, 시윤이의 책가방의 무게는 1.3kg입니다. 누구의 책가방이 가장 가볍습니까?

민지

① 해윤, 지훈, 은주의 키를 나란히 기록하고 있습니다. 작년보다 해윤이는 21mm, 지훈이는 2.8cm, 은주는 2cm 5mm 자랐습니다. 키가 가장 많이 자란 사람은 누구입니까?

지훈

② 설악산의 높이는 1.7km, 한라산은 1.9km, 백두산은 2.7km입니다. 높이가 가장 낮은 산은 어느 산입니까?

설악산

③ 어느 해 12월에 내린 눈의 양을 기록한 것입니다. 12월 2일 15mm, 12월 17일 3cm 1mm, 12월 22일 2.7cm가 내렸습니다. 눈이 가장 많이 내린 날은 12월 며칠입니까?

17일

④ 미술 시간에 상식이네 반 친구들은 찰흙으로 여러 가지 동물을 만들었습니다. 사용한 찰흙의 양은 상식이가 2.2kg, 성준이는 1.5kg, 세환이는 2.9kg입니다. 찰흙을 가장 적게 사용한 사람은 누구입니까?

성준

8 주차

잘 공부했는지 알아봅시다

월 일

1 조건에 맞는 소수 한 자리 수를 □ 안에 써넣으시오.

- 6.5와 7.3 사이의 수입니다.
- 6과 $\frac{8}{10}$ 보다 크고 7과 $\frac{3}{10}$ 보다 작은 수입니다.
- $\frac{1}{10}$ 이 71개인 수보다 큰 수입니다.

$$\boxed{7.2}$$

6.8 < ● < 7.5
7.1 < ●
→ 7.1 < ● < 7.3
→ ● = 7.2

2 석우, 은영이, 은주는 과수원에서 귤을 땄습니다. 석우는 6.4kg, 은영이는 5.7kg, 은주는 7.1kg의 귤을 땄다면, 귤을 가장 많이 딴 사람은 누구입니까?

은주

3 미술 시간에 사용한 종이테이프의 길이입니다. 종이테이프를 가장 많이 사용한 사람은 누구입니까? 현민

영지 : 5.2cm   현민 : 63mm 6.3cm
은철 : 3cm 8mm   민우 : 5.9cm
3.8cm

4 지원이는 생일에 친구들과 케이크를 먹었습니다. 지원이가 케이크의 $\frac{1}{10}$ 만큼, 영아가 0.2만큼, 민서이가 $\frac{4}{10}$ 만큼, 태현이가 0.3만큼 먹었습니다. 케이크를 많이 먹은 사람부터 순서대로 쓰시오. 민서, 태현, 영아, 지원